Rogério de Simone e Rogério Ferraresi

Clássicos do Brasil

FIAT 147

Copyright © 2016 Alaúde Editorial Ltda.

Todos os direitos reservados. Nenhuma parte desta edição pode ser utilizada ou reproduzida – em qualquer meio ou forma, seja mecânico ou eletrônico –, nem apropriada ou estocada em sistema de banco de dados sem a expressa autorização da editora.

O texto deste livro foi fixado conforme o acordo ortográfico vigente no Brasil desde 1º de janeiro de 2009.

PRODUÇÃO EDITORIAL:
Editora Alaúde

PREPARAÇÃO:
Bóris Fatigati

REVISÃO:
Julio de Mattos e Cássio Yamamura

CONSULTORIA TÉCNICA:
Fábio de Cillo Pagotto

IMAGEM DE CAPA:
Marcelo Resende e Bira Prado

IMPRESSÃO E ACABAMENTO:
RR Donnelley

1ª edição, 2016
Impresso no Brasil

Dados Internacionais de Catalogação na Publicação (CIP)
(Câmara Brasileira do Livro, SP, Brasil)

Simone, Rogério de
    Fiat 147 / Rogério de Simone e Rogério Ferraresi. -- São Paulo : Alaúde Editorial, 2016. --
(Coleção Clássicos do Brasil)

    Bibliografia.
    ISBN 978-85-7881-364-2

    1. Automobilismo - História 2. Fiat 147 (Automóveis) 3. Fiat 147 (Automóveis) - História I. Ferraresi, Rogério. II. Título. III. Série.

16-03710 CDD-629.22209

Índices para catálogo sistemático:
1. Fiat 147 : Automóveis : Tecnologia : História 629.22209

2016
Alaúde Editorial Ltda.
Avenida Paulista, 1337
conjunto 11, Bela Vista
São Paulo, SP, 01311-200
Tel.: (11) 5572-9474
www.alaude.com.br

Compartilhe a sua opinião sobre este livro usando a hashtag
#ClássicosDoBrasil
#ClássicosDoBrasilFiat147
nas nossas redes sociais:

/EditoraAlaude

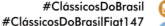
/EditoraAlaude

/AlaudeEditora

SUMÁRIO

CAPÍTULO 1 – A origem 5

CAPÍTULO 2 – A evolução dos modelos 41

CAPÍTULO 3 – Curiosidades 97

CAPÍTULO 4 – Dados técnicos 105

Fontes de consulta 110

Crédito das imagens.. 111

CAPÍTULO 1

A ORIGEM

O INÍCIO DA FIAT NO BRASIL

A história da Fiat no Brasil começou em 1904, quando Luís e Fortunato Grassi abriram sua primeira oficina, a Indústria de Carros e Automóveis Luiz Grassi e Irmão. O negócio tinha capital de giro de um conto de réis e duzentos metros quadrados de área instalada, na Rua Barão de Itapetininga, 37, em São Paulo (SP), e contava com bigorna, forja e máquina de furar.

Três anos depois, segundo Vergniaud C. Gonçalves afirma no livro *Automóvel no Brasil* (Editora do Automóvel, 1966), a oficina importou o primeiro carro da marca Fiat a chegar ao Brasil. O veículo, adquirido na Europa por um corredor chamado Lange, chegou a São Paulo desmontado, sendo colocado em ordem de marcha no galpão dos Grassi. Tal pioneirismo só é colocado em dúvida por outra obra, *Indústria automobilística brasileira – Uma história de desafios* (Autodata Editora; Anfavea, 1994). Essa referência aponta que em 1903 já havia dois carros da marca entre os 83 automóveis licenciados em São Paulo. Um deles, um Double Phaeton 28 HP, de placa 42, pertencia a Ermelino Matarazzo; e outro, um 24 HP, de placa 56, ao conde Silvio Penteado.

Independentemente disso, sabe-se que o Fiat de Silvio Penteado era um modelo 28/40 cv de 1907, semelhante ao que havia vencido a Targa Florio do mesmo ano, na Sicília, pilotado por Felice Nazarro. Com esse carro, registrado na Inspetoria de Veículos de São Paulo em 27 de maio de 1907, Penteado venceu, em 26 de julho de 1908, o Circuito de Itapecerica, a primeira corrida realizada na América do Sul. Esse fato lhe valeu uma carta de congratulações e uma moeda de ouro enviada pela fábrica italiana.

O fato de Ermelino Matarazzo ter um Fiat se explica por seu pai, o conde italiano Francisco Matarazzo. Imigrante de grande importância para a indústria paulista, Francisco foi representante oficial da marca no país.

Nessa mesma época, os Grassi começaram a representar a Lancia e a Companhia Taxímetro Paulista já empregava carros Fiat.

A origem

Logo em seguida, em 1910, Antônio Grimaldi tornou-se representante da marca em Belo Horizonte (MG), precedendo em mais de 60 anos a instalação da fábrica naquele estado. Grimaldi, que dirigia uma "baratinha" 507, vendeu uma Limousine Fiat 519 para o governo do seu estado. Três anos depois, em 1913, Antônio Prado, com outro Fiat, realizou a primeira viagem de automóvel entre São Paulo e Curitiba (PR).

Infelizmente, a Primeira Guerra Mundial (1914-1918) dificultou a comercialização de diversos produtos europeus no Brasil, inclusive o de automóveis, abrindo caminho para o sucesso do Ford Modelo T.

Em 1916, Antônio Prado fez mais uma grande viagem rodoviária a bordo de um Fiat. Dessa vez, tendo como companheiros Alberto Santos Dumont, o major Luis Fonseca e os condes Sílvio e Armando Álvares Penteado. O destino foi Ribeirão Preto, no interior do estado de São Paulo.

A Pasquale Barberis & Cia, empresa sediada no Largo São Bento, 5-A, em São Paulo, começou a importar e vender "tratores agrícolas a querosene" da Fiat em 1919. Dois anos depois, já havia 275 automóveis Fiat rodando em São Paulo, somados os trazidos pela Luiz Grassi e Irmão, pela Companhia Mecânica e Importadora de São Paulo e pela F. Matarazzo & Cia (que, inclusive, pintava os automóveis à mão, com pincel, em seu enorme

Acima e à esquerda: Limousine Fiat da primeira companhia de táxi de São Paulo, a Companhia Taxímetro Paulista. Acima e à direita: Antônio Grimaldi, primeiro representante Fiat em Belo Horizonte, dirigindo sua 507.

Abaixo: veículos Fiat numa grande viagem de São Paulo a Ribeirão Preto (SP).

armazém da Rua Borges Figueiredo, no bairro da Mooca), além de importações particulares. Esse número equivalia a 7,2% da frota, três vezes mais que em 1904. Havia ainda no resto do país outras "concessionárias", como em Porto Alegre (RS), cujos números são desconhecidos.

Dois anos depois, em 13 de outubro de 1921, a F. Matarazzo & Cia participou da I Exposição de Automobilismo, o primeiro "salão do automóvel" nacional. O evento foi organizado pela Associação de Estradas de Rodagem e realizado no Palácio das Indústrias, no Parque Dom Pedro, na capital paulista. Ocupando o estande número 1, a F. Matarazzo & Cia expôs uma suntuosa limusine Fiat. O enorme automóvel destacou-se entre os demais modelos presentes no local, das marcas Durant, Star, Renault, Packard, Nash, Hupmobile, Lancia, HCS, Lincoln, Ford, Studebaker, Columbia, Cadillac, Buick, Chevrolet, Alfa Romeo, Hudson, Essex, Vauxhall, Premier, Jordan, Paige e Dodge.

Os carros de luxo da Fiat logo se tornaram os preferidos das autoridades brasileiras. Segundo o *Livro de ouro* da Fiat, tiveram veículos da marca a Presidência da República (Landaulet 20/30) e os Ministérios da Guerra (duas unidades do Limousine 25/35 e um Double Phaeton 20/30), da Viação (Landaulet 20/30), da Fazenda (Double Phaeton 20/30) e da Agricultura (Torpedo 20/30 e 25/35). O Ministério da Marinha tinha um motor marinho 25/35 e, em 1914, comprou três submarinos da empresa italiana (F1, F3 e F5). No Rio de Janeiro (RJ), existiam ainda um Landaulet 30/45 e uma Limousine 35/45 do Senado, o Torpedo 35/45 da polícia, o Landaulet 35/45 do Exército, o Torpedo 35/45, o Landaulet 12/15 e o Double Phaeton 20/30 do Governo do Estado, o Landaulet 35/45 da Prefeitura, o Torpedo 25/35 do Corpo de Bombeiros e dois carros da Câmara dos Deputados, sendo um deles um Landaulet 20/30.

Em São Paulo, o Governo do Estado tinha um 35/45, assim como a Câmara dos Deputados. Ainda na capital do estado, tinham carros Fiat a Prefeitura (15/20), a Secretaria de Justiça e Segurança Pública (Landaulet 20/30), o conselheiro Antônio Prado (Landaulet 20/30) e o senador

I Exposição de Automobilismo, onde a F. Matarazzo & Cia expôs uma limusine Fiat que foi a maior atração do evento.

A origem

Alfredo Elias (caminhão de 3.500 kg). O Governo do estado da Bahia tinha outro caminhão (de 3.000 kg). No ano de 1924, as Indústrias Reunidas Francisco Matarazzo publicaram um anúncio com o seguinte texto: "1924 – Eis, neste ano, a cifra das vendas dos carros Fiat no Brasil. Maior não foi ainda porque fomos obrigados a recusar muitos pedidos por falta de estoque. No NOVO ANO, todavia, mercê das providências que tomamos, ficaremos habilitados para satisfazer prontamente a todas as encomendas".

De fato, apesar da Ford (primeiro, com o Modelo T e, depois, com o Modelo A) iniciar seu domínio do mercado nacional, os veículos da Fiat vendiam razoavelmente bem em nosso país. Razão pela qual a fábrica italiana optou por montar uma filial em São Paulo, na Rua da Consolação, 18 – local chamado, conforme rezava a propaganda da empresa, de "Palacete Fiat". Outro local no qual a Fiat expunha os seus produtos era o famoso Edifício Martinelli, na Rua São Bento. Logo, porém, a Fiat admitiu agentes autorizados, além de vender seus veículos a prazo. O lançamento do Balilla, em 1932 (ano da Revolução Constitucionalista liderada por São Paulo), e do Topolino, em 1936, colaboraram para a difusão da marca. Mas logo chegou a Segunda Guerra Mundial (1939-1945) e as importações foram paralisadas novamente. Estas só vieram a ser retomadas após a derrota das forças do Eixo (Alemanha, Itália e Japão), quando as marcas norte-americanas voltaram a dominar o mercado.

Topolino 1936, que ajudou a popularizar a marca Fiat nos anos que antecederam a pré-Segunda Guerra.

Depois de encerrada a guerra, a Varam Motores S.A. chegou a montar os Fiat 1.100 e 1.400 por CKD. A indústria pertencia ao armênio Varam Keutenedjian – que também era proprietário da Vicunha Têxtil – e ficava em São Bernardo do Campo (SP), em um galpão cujo terreno havia sido uma antiga senzala de escravos. A Varam também montou os carros da marca estadunidense Nash e, em 1955, algumas poucas unidades dos automóveis BMW e do utilitário japonês Nissan

Patrol. Vale citar que, segundo reza a lenda, muitas das antigas casas do bairro Baeta Neves, um dos mais antigos da cidade de São Bernardo do Campo, foram construídas com as caixas de madeira em que eram trazidos, desmontados, os carros Fiat e Nash.

A Fiat também abriu um novo escritório no país e começou a fazer anúncios em periódicos de circulação nacional. Um exemplo disso pode ser encontrado na *Revista de automóveis*, que, em sua edição de janeiro de 1955, trazia uma propaganda de página inteira com fotos de três produtos da empresa: o avião a jato G.82, o transatlântico Giulio Cesare (que usava motores Fiat de 35.000 HP) e o carro de passeio 1.900. O título do anúncio era "Fiat – um nome universal – terra, mar e céu"

e trazia o seguinte texto: "Através de motores marítimos, desde o pequeno até os do 'Giulio Cesare' e 'Augustus', como em motores de avião, em que se sobressai o jato 'G.82', a Fiat prova a qualidade excepcional de sua linha de automóveis universalmente conhecidos: o Fiat '500', o '1.100', o '1.400', o '1.900'".

Durante a primeira metade da década de 1950, a empresa vendeu no Brasil alguns milhares de veículos, mas não se tratava de quantidade realmente expressiva. Na época, seu maior mercado era mesmo o estado de São Paulo, talvez devido ao grande número de imigrantes italianos e de seus descendentes ali instalados, conforme demonstrava a própria *Revista de automóveis* em sua edição de junho de 1955. Segundo a publicação, a Fiat havia sido a 13ª colocada em licenciamentos no ano anterior, 1954, com 2.087 unidades emplacadas. Assim, a marca tinha ficado na frente de concorrentes de peso como Pontiac, Hudson, Nash, De Soto, Renault, Volkswagen, Chrysler, Packard, Cadillac, Opel, Lincoln, Hillman, Vauxhall, Kaiser, Mercedes-Benz e Volvo, além de outros menos conhecidos.

No mesmo ano, a *Revista de automóveis* registrou que a Fiat havia obtido o 22º lugar na lista de carros novos licenciados em todo o Brasil em 1954, com 4.736 unidades novas em circulação, superando marcas como

Fiat 1.100, ano 1956.

A origem

Hillman, Volkswagen, Kaiser, Vauxhall, Opel, Mercedes e Volvo. Os três primeiros lugares ficaram com Chevrolet, Ford e Mercury, que emplacaram, respectivamente, 90.782, 87.206 e 15.874 unidades.

Em 1954, a Fiat vendeu 844 carros a mais que em 1953. Para esse resultado, foi importante a operação de empresas como a Cibrasil, que, com matriz no Rio de Janeiro e filiais em São Paulo, Curitiba e Porto Alegre, oferecia planos de economia reembolsável cujos prestamistas concorriam a automóveis Fiat 1.100 e 1.400.

Como era difícil e caro trazer um carro do exterior, nem os que ficavam inutilizados em batidas eram desprezados. Em São Paulo, por exemplo, a Carrocerias Monarca Ltda. fazia belas carrocerias de desenho exclusivo para mecânicas de veículos arruinados, inclusive da Fiat. Tal oficina, localizada no bairro do Bixiga, foi criada pelo italiano Oliviero Monarca e foi também onde o italiano Toni Bianco, fundador da indústria brasileira de automóveis Bianco, aprendeu o ofício de *carrozzieri*. Nela, foi montado um conversível, emplacado com as chapas "São Paulo 55 40", com componentes da marca italiana. Já em Curitiba, Guido Weber, diretor gerente da Técnica e Industrial de Mari Ltda., criou um esportivo inspirado no Jaguar XK 120 com chassi e mecânica do Fiat 1.100.

Apesar da necessidade de veículos novos no Brasil, a Fiat do Brasil, cujo diretor era Elio Peccei (um dos responsáveis pela implantação da filial na Argentina), estava se dedicando ao setor de tratores de esteira e máquinas de terraplenagem. Prova disso é que a empresa Moto Agrícola, de São Paulo, trabalhava desde 1950 com veículos pesados da marca italiana. A grande aceitação de tais produtos fez necessária, quatro anos depois, a construção do Centro de Assistência Técnica Fiat, no km 12,5 da via Anchieta (que liga São Paulo à cidade de Santos). A Fiat também começou a produzir peças de reposição para suas máquinas pesadas no país.

Quando Juscelino Kubitscheck chegou ao poder, para viabilizar o surgimento de uma indústria automobilística nacional, novas normas para a importação foram estabelecidas, sendo a primeira delas a proibição da entrada de automóveis montados, o que certamente diminuiu a venda dos carros Fiat no Brasil. Porém, muitos foram os interesses contrariados e surgiram dispositivos legais para "dar um jeitinho" na situação. Foi o caso da chamada "Operação Turista", que nada mais era que a estratégia de legalizar veículos importados sob a justificativa de que faziam parte da "bagagem" de algum imigrante ou de um brasileiro que retornava para a sua terra natal. Então, se o interessado pagasse todas as taxas e impostos e o veículo não ultrapassasse determinado valor, ainda era possível trazer carros do exterior.

Devido à política do Grupo Executivo da Indústria Automobilística (GEIA), órgão criado pelo governo para facilitar a instalação de fábricas do setor, não seria de se admirar que a Fiat também tentasse montar uma fábrica no país. Outro bom motivo era o fato de que a sua grande rival na Itália, a Alfa Romeo, pretendia fabricar aqui um carro por meio da Fábrica Brasileira de Automóveis (Fabral), empresa de capital binacional – o que, entretanto, não se viabilizou. Mas a estatal Fábrica Nacional de Motores (FNM), que fazia o caminhão Alfa Romeo sob licença,

levou adiante tal plano e, pouco depois, lançou Alfa Romeo/JK 2.000. Por tudo isso, Elio Peccei tentou convencer Varam Keutenedjian a constituir não uma montadora de carros Fiat, mas sim uma filial da empresa no Brasil, que construiria os veículos da marca. Porém, o empresário armênio não se interessou pela proposta.

Concomitantemente, a Simca – que, curiosamente, comprou as instalações da Varam Motores S.A. – iria se instalar no Brasil para fabricar o Chambord. Tratava-se de um veículo moderno, mas cujo motor Aquilon V8, de origem Ford, era por demais desatualizado, pois havia sido projetado nos anos 1930. Por coincidência, a Fiat, que tinha boas relações com a Simca

O FNM JK, lançado em 1959, era uma cópia do Alfa Romeo italiano, o que poderia estimular a vinda da também italiana Fiat para o Brasil, fato que acabou não ocorrendo.

A origem

(seu fundador, Teodoro Henrico Pigozzi, era ex-funcionário da Fiat e iniciara sua empresa graças às patentes italianas), tinha em mãos o projeto de um motor V8 muito moderno, projetado por Dante Giacosa e Luigi Fabio Rapi. A ideia, portanto, era fazer da Simca do Brasil uma empresa de capital misto francês e italiano. Afinal, se usaria a carroceria do Chambord com o motor V8 da Fiat.

As tratativas nesse sentido, porém, não tiveram êxito, e a Fiat "perdeu o bonde" da fase pioneira da indústria automobilística nacional. Em 1959, a Moto Agrícola fundiu-se com a Diesel Motor Indústria e Comércio, fazendo surgir assim uma nova empresa, a Tratores Fiat do Brasil. Por tudo isso, surgiu o boato de que a Fiat fizera um acordo com a Volkswagen segundo o qual a primeira ficaria com o mercado de automóveis argentino e a segunda, com o brasileiro.

Poucos foram os carros da marca Fiat exportados para o Brasil nos anos 1960. Para entrar no país, o veículo não podia exceder o valor FOB ("*free on board*", ou seja, contabilizando todas as despesas até o carro ser embarcado no navio) de 35.000 dólares. Esse limite certamente possibilitava a compra de diversos modelos Fiat, mas o público que podia adquirir modelos importados ainda dava preferência aos carros estadunidenses ou a marcas europeias de luxo, como Mercedes-Bens e Alfa Romeo. Esses veículos também chegavam por vias que iam desde as diplomáticas até o contrabando. A situação, de um modo geral, resultava em um setor de vendas altamente especulativo, que favorecia uns poucos privilegiados, acostumados a pagar qualquer preço exigido pelos importadores particulares.

Na época em que o presidente Castelo Branco chegou ao poder, houve certo relaxamento nas normas para a importação. Nesse momento da História brasileira, a indústria automobilística nacional já estava devidamente instalada e, assim, a importação, caso fossem instauradas regras que garantissem a reserva de mercado, não afetaria tal parque fabril. Em 1967, lojas como a Auto Brasil, de São Paulo, ofereciam ao comprador potencial veículos como o Fiat Abarth OT (cupê série II), nas versões de 1.000 e 1.300 cc, que custavam, respectivamente, 20.000 e 22.000 cruzeiros novos. Na ocasião, o carro mais

Fiat Abarth OT 1.000, um dos poucos veículos da marca Fiat importados nos anos 1960.

barato do Brasil, o Renault Gordini, custava 7.862 cruzeiros novos, enquanto o VW 1.300 saía dos concessionários por 7.905 cruzeiros novos e o automóvel nacional mais caro, o Ford Galaxie 500, por 21.909 cruzeiros novos.

Ainda na segunda metade da década de 1960, quando já era certo o encerramento da produção dos DKW, fabricados pela Vemag, ocorreram rumores de negociações por parte da fábrica, situada em São Paulo, para a produção de carros das linhas BMW, Citroën e Fiat. Porém, a Fiat, aparentemente, considerou a associação com uma empresa sul-americana em dificuldades algo temeroso, especialmente porque a situação financeira e política do Brasil, na época, não inspirava muita confiança.

Em vez disso, a empresa preferiu a segurança de acordos realizados com duas ditaduras comunistas, tal como fizera nos anos 1950, quando passou a ceder seus projetos para a fábrica iugoslava Zastava. O primeiro ocorreu em 1965 na Polônia, com a Fabryka Samochodów Osobowych (FSO, Fábrica de Carros de Passageiros). Construída pelo governo polonês em 1951, a FSO era uma estatal que havia começado as suas atividades produzindo o Warszawa (uma evolução do antiquado Pobeda, primeiro carro fabricado na Polônia após a Segunda Guerra Mundial, do projetista Andrey Lipgart). Depois, em 1956, lançou o Syrena, que utilizava o mesmo projeto mecânico DKW de antes da II Guerra Mundial. Como todas as fábricas comunistas, a FSO era incapaz de desenvolver novos projetos e, no início dos anos 1960, procurou a Fiat e adquiriu a tecnologia para a produção do modelo 125. Surgiu, então, o Polsky Fiat.

O segundo acordo, muito mais importante, foi assinado com Aleksandr Tarasov, do ministério soviético de produção automobilística. Na Rússia, ao contrário do que ocorrera na Polônia – para a qual só foi cedida a tecnologia de fabricação de um carro –, a Fiat iria montar um gigantesco complexo fabril, a Volzhky Avtomobilny Zavod (VAZ), mais conhecida ao redor do mundo pelo nome Lada. Nesse complexo, seria produzida uma versão modificada do 124, projetado por Oscar Montabone. O resultado desse

O Polsky Fiat 125, de 1965, ajudou a modernizar a frota da Polônia, país onde era fabricado.

A origem

processo foi não só a fábrica da Lada como também toda a cidade de Togliattigrado. O nome da cidade foi uma homenagem a Palmiro Togliatti, líder sindical italiano membro do Partido Comunista e alvo de um atentado que quase levou a Itália a uma guerra civil.

Independentemente da falta de interesse da Fiat pela Vemag, somente os boatos das negociações já deixaram a Volkswagen em alerta. Não querendo seu grande rival europeu por aqui, a alemã acabou adquirindo a empresa, que foi transformada na sua "Fábrica II". Ainda nessa época, o empresário Nelson Fernandes, da Indústria Brasileira de Automóveis Presidente (Ibap), após tentativas infrutíferas de obter projetos BMW para a construção de carros populares (modelo 700), contatou Elio Peccei.

Surpreendentemente, surgiram então estudos da Fiat, capitalizada graças aos contratos comunistas, para produzir automóveis no Brasil por intermédio da Ibap. O veículo, no caso, seria um derivado do Fiat 850, o qual se encaixaria com perfeição nas necessidades da Ibap de produzir um carro popular. Nelson Fernandes, porém, não era bem-visto por certos integrantes do governo militar, o que ficou bem claro para os executivos italianos após uma reunião em Brasília (DF). Resultado: o acordo com a Fiat não foi realizado e a Ibap desapareceu.

Novas negociações só ocorreriam no início dos anos 1970, após a Tratores Fiat do Brasil comprar a Deutz Minas S.A. (Demisa) e começar a produzir automóveis no país. Logo em seguida, em associação com a americana Allis Chalmers Construction Machinery, foi fundada a Fiat-Allis Tratores e Máquinas Rodoviárias S.A. Depois, em junho de 1972, uma comissão técnica da Fiat e políticos brasileiros assinaram uma carta de intenções (para futura construção da fábrica) com o estado de Minas Gerais, cujo então governador era Rondon Pacheco, ex-chefe do Gabinete Civil da Presidência da República no governo do marechal Arthur da Costa e Silva.

Randon Pacheco (ao centro) e Giovanni Agnelli (à esquerda), assinando a carta de intenções da Fiat.

Em março do ano seguinte, o presidente da Fiat Internacional, Giovanni Agnelli, assumiu um acordo de comunhão de interesses com o Rondon Pacheco. Um mês depois, a Assembleia Legislativa aprovou o acordo e criou-se, legalmente, a Fiat Automóveis S.A., que teria investimentos fixos de mais de 600 milhões de dólares. Definiu-se a localização da futura planta em Betim (MG), no km 9,5 da Rodovia Fernão Dias.

Além disso, como Minas Gerais era – e ainda é – o maior estado fornecedor de minérios no país, a Fiat pretendia instalar uma unidade metalúrgica para alimentar a fábrica. Essa empresa iria exportar boa parte da produção, a mão de obra do município era barata e o governo local estava oferecendo isenções tributárias e incentivos fiscais. Esse tipo de ação, aliás, deu início a uma guerra fiscal que tirou muitas indústrias de São Paulo a partir dos anos 1980, espalhando-as pelo resto do Brasil.

Começaram, então, a rodar pelo Brasil algumas unidades do modelo 127 italiano, trazidas pela Fiat para avaliar o comportamento do modelo no clima tropical. Dois desses veículos foram mostrados na edição 159 da revista *Quatro Rodas*, de outubro de 1973: um verde, com chapas amarelas JJ 8997, e, outro, vermelho, com chapas JJ 8996, ambos licenciados em Betim. Estavam sendo avaliados por engenheiros italianos entre as cidades de Itanhaém e Peruíbe, ambas no litoral paulista. A curiosidade gerada

fez com que importadores independentes trouxessem algumas unidades do 127 para o Brasil, que, por serem novidade, foram rapidamente vendidas.

Em abril de 1974, começaram as obras de terraplenagem para instalação do parque industrial da Fiat em Betim. Seguiu-se um cronograma que previa inaugurar a fábrica no início do segundo semestre de 1976. Previa-se também a produção de um pequeno automóvel que poderia ser a versão brasileira do 127 italiano. Seriam fabricadas 20.000 unidades no primeiro ano, 100.000 em 1977, 150.000 em 1978 e 200.000 em 1979. Além disso, seriam produzidos 155.000 motores por ano. Um detalhe interessante: o projeto do propulsor Fiat brasileiro, de quatro cilindros e 1.048 cc, era de Aurelio Lampredi, engenheiro que, em 1948, substituira Giacchino Colombo na Ferrari, a qual, por sua vez, foi adquirida pela Fiat em 1969. Mais modernos que os de quatro cilindros do 127, os motores Lampredi teriam, a partir de 1977, parte da sua produção exportada para equipar esse carro.

Rondon Pacheco celebrou um contrato no qual seu estado participaria com 45,29% do capital da Fiat Automóveis S.A. A Holding Fiat seria a acionista majoritária da nova sociedade, com 49,47% do negócio, ficando o restante dos papéis da empresa (uma participação de 5,24%) com a Euramfin Holding Societé. A iniciativa

A origem

Obras de terraplenagem em Betim, em 1974, para futuras instalações da Fiat Brasil.

gerou críticas na época, mas seus efeitos colaboraram para o crescimento econômico local. Tanto que Minas Gerais se tornou, em curto prazo, o segundo estado mais rico do país, superando o Rio de Janeiro.

O projeto das instalações ficou a cargo da Fiat Engineering – Costruzioni e Impianti Spa, de Turim, com realização coordenada pela Ecibra – Engenharia Industrial S.A. Para levantar a fábrica, foi necessário movimentar 12 milhões de m^3 de terra e 522.000 m^3 de rocha. Foram levantados cinco edifícios industriais com um total de 350.000 m^2 de área construída, que gerariam 10.000 empregos diretos em quatro anos.

Construção do parque industrial da Fiat Brasil em Betim em andamento.

Nessa época, o setor de engenharia experimental da Fiat ficava longe de Betim, em um galpão do bairro Nova Suíça, em Belo Horizonte, na Rua Zurick, 63. O pessoal desse setor rodava com os carros de pré-série, que eram testados a partir da meia-noite, normalmente por dois pilotos que se revezavam de seis em seis horas.

Durante o ano de 1975, o pequeno Fiat 147, nome oficial do Fiat 127 no Brasil, já era muito aguardado no mercado brasileiro. Isso porque, na época, diferentemente dos dias de hoje, havia poucas novidades no país no que dizia respeito a carros. O simples fato de saber que uma nova fábrica estava sendo construída e que ela iria produzir um carro diferente daqueles com que o público estava acostumado já mexia com o imaginário de todos. Aproximadamente na metade daquele ano, já apareciam na imprensa especializada desenhos e até fotografias do futuro 147, com as linhas praticamente definitivas. As maiores diferenças em relação ao 127 estavam nas lanternas traseiras, maiores que as do modelo italiano, e na frente com capô mais alto e reto, com novos faróis e grade. O lançamento do Fiat brasileiro estava cada vez mais próximo.

Em 9 de julho de 1976 foi inaugurada a empresa, com a presença do presidente Ernesto Geisel, em companhia de Giovanni Agnelli, Aureliano Chaves (que sucedeu Rondon Pacheco, em 1975, no governo de Minas Gerais) e do engenheiro Adolfo Neves Martins da Costa (primeiro presidente da Fiat Automóveis S.A.). Nessa ocasião, a Fiat também apresentou ao presidente Geisel o 147 movido a álcool.

Os edifícios industriais eram modernos, de estruturas metálicas, sem cimento ou concreto. O setor de mecânica tinha 100.000 m² e lá se fazia, em setecentas máquinas operatrizes, a usinagem e

No início de 1976, com as obras do parque industrial da Fiat quase concluídas, começou a chegar o maquinário para a produção dos carros.

A origem

a montagem de motores, conjuntos de câmbio/diferencial e suspensões do 147.

O setor de estamparia, dividido em treze linhas de produção, tinha, inicialmente, 83 prensas de 1.500, 1.000, 650 e 400 toneladas, sendo responsável pela estampagem de todos os componentes da carroceria do 147, tais como assoalho, laterais, teto, portas e capô.

Em conjunto com a estamparia, o setor de soldagem ocupava uma área de 80.000 m². Nele, ficavam enormes máquinas "*mascheroni*", que, com seus tentáculos de ferro, uniam as partes da carroceria – muito embora todo o processo de soldagem propriamente dita fosse manual.

Na área de pintura, a carroceria passava pelo processo de "bonderização" (desengraxamento, fosfatização e lavagem das chapas de aço). A pintura protetora era feita depois, pelo processo de eletroforese, com o monobloco, com carga negativa, sendo mergulhado em um tanque de tinta com carga positiva, fazendo a mesma aderir na chapa em suas mínimas saliências e reentrâncias.

Na sequência, ocorria a pintura "*primer*", a aplicação de massa antirruído no assoalho e no cofre do motor e a pintura por esmaltação, conferindo a cor ao futuro veículo. O setor de montagem ficava junto com o de pintura. Nele, os grupos mecânicos chegavam em sincronia com os transportadores de carrocerias, permitindo, assim, o feitio dos carros, que, logo em seguida, recebiam as peças de acabamento. E foi assim que os primeiros 147 começaram a ser produzidos, revolucionando a história da marca Fiat no Brasil.

O presidente Ernesto Geisel na inauguração da fábrica Fiat em Betim, no dia 9 de julho de 1976.

127, O MINI DA FIAT

Damos uma pausa na história para conhecer o Fiat 127, o pequeno carro italiano que serviu de base para o nosso Fiat 147.

Pode-se dizer que as origens do 127 estão ligadas a dois fatos distintos da década de 1950: o surgimento, na Itália, da Autobianchi, e o lançamento, na Inglaterra, do Morris Mini Minor/Austin Seven, projetado por Sir Alec Issigonis.

A Autobianchi era uma evolução da Bianchi, empresa fundada na Itália, em 1885, por Edoardo Bianchi para a fabricação de bicicletas. Dez anos depois, a Autobianchi lançou um triciclo e, em 1899, seu primeiro automóvel. Seu último carro feito em série foi o S9, de 1934-1935, cuja produção foi interrompida durante a Segunda Guerra Mundial para a fabricação de veículos bélicos. Terminado o conflito, as instalações da Bianchi haviam sido reduzidas a cinzas pelos bombardeios aliados. Mas, a duras penas, Edoardo, já com 80 anos, reergueu as fábricas com a ajuda do filho Giuseppe.

O recomeço foi tímido, com a produção de bicicletas, depois partindo para motocicletas e, por fim, gerando um protótipo de carro popular de quatro cilindros. Por diversos motivos, não foi possível fabricar em série esse carro, mas as instalações da Bianchi, em Desio, estavam aptas à produção em massa.

Diante disso, o engenheiro Ferruccio Quintavalle contatou executivos da Pirelli e da Fiat e convenceu-os do potencial da Bianchi. As três empresas celebraram, então, um acordo comercial que fez surgir, em 11 de janeiro de 1955, com um capital de 3 milhões de liras, uma nova fábrica: a Autobianchi. Todos sairiam ganhando com o empreendimento: a Bianchi por crescer rapidamente, a Pirelli por ter mais um cliente para seus pneus e a Fiat por ter uma empresa que, mesmo pequena, poderia testar novas soluções mecânicas antes de incorporá-las aos produtos feitos em Turim. Isso, obviamente, evitaria o risco de manchar o nome da Fiat com soluções e processos de consequências ainda desconhecidas.

O primeiro carro da Autobianchi, denominado Bianchina, chegou ao mercado

O pequeno Bianchina, em 1958.

A origem

em 1958. Era um carro bastante conservador, pois utilizava o conjunto mecânico de motor e câmbio traseiros do Fiat 850, inspirado em uma fórmula antiquada, calcada no sucesso da Volkswagen.

Paralelamente, em 1960, a Innocenti, que fabricava as famosas motonetas Lambretta, decidiu entrar no mercado de automóveis produzindo a versão italiana do Austin A40 inglês. Por usar patentes da BMC, era uma questão de tempo até que a Innocenti lançasse sua versão do Mini. Tal veículo, surgido em 1959, revolucionou a indústria automobilística mundial e até hoje representa a fórmula básica do carro popular: carroceria de dois volumes, motor transversal de quatro cilindros, tração dianteira, tamanho externo pequeno, grande aproveitamento do espaço interno e baixíssimo consumo de combustível.

O Mini utilizava suspensão dianteira por eixos articulados, com os semieixos independentes entre si, tendo liberdade de movimento, sendo mais leves e fáceis de controlar nas oscilações verticais. O sistema também tornava o Mini um carro de aderência insuperável. Tinha ainda maior peso sobre as rodas propulsoras (se comparado a carros de motor dianteiro e tração traseira), assegurando melhor tração (exceto em aclives) e não sofrendo com as vibrações decorrentes dos pesados eixos cardã, os quais ainda "roubavam" potência e aumentavam o consumo.

O Mini, automóvel que revolucionou a indústria automobilística.

A diretoria da Fiat sabia que o futuro estava nesse tipo de veículo. Ampliou então a sua participação na Autobianchi e começou a trabalhar em um novo modelo baseado nas ideias de Issigonis, o Primula. Maior que o carro inglês, o Primula chegou ao mercado italiano em 1964, ou seja, um ano antes do Innocenti Mini. Curiosamente, o Innocenti Primula foi considerado o primeiro Autobianchi autêntico, justamente por ter motor transversal (do Fiat 1.100) e tração dianteira, arranjo que, até aquela data, ainda não havia sido usado pela Fiat, que fazia carros de motor dianteiro ou traseiro, como o já citado 850, mas sempre de tração traseira.

Ao contrário do Mini, o Primula não tinha o câmbio dentro do cárter do motor. A caixa, no Autobianchi, ficava em linha com o motor e o diferencial, entre os dois, o que permitia fazer uma carroceria mais baixa, otimizando o centro de gravidade. O Primula destacava-se também por ter freios a disco nas rodas dianteiras (ainda uma novidade para carros que não fossem superesportivos) e eixo traseiro de torção.

Posteriormente, em 1967, a Fiat absorveu por completo a Autobianchi, que, embora mantendo o nome fantasia, passou a se chamar oficialmente Azienda Fiat. Devido à aprovação do Primula, a Fiat decidiu projetar quatro novos carros com o mesmo conceito. Dois deles, o A111 (de três volumes) e o A112 (de dois volumes), foram lançados com a marca da fábrica de Desio. Os outros, denominados 128 (de três volumes) e 127 (de dois volumes), sairiam com a marca Fiat. Os Autobianchi, a exemplo do 128, foram apresentados em 1969, mas o 127 só apareceu em abril de 1971, ainda com o motor derivado do 850 (com 903 cc), ao qual deveria substituir.

O primeiro 127, que se destacava por ter 20% de seu tamanho destinado à mecânica e os outros 80% para passageiros e bagagem, contava com carroceria hatch de duas portas, sendo que a traseira tinha a tampa do porta-malas pequena, ou seja, não englobava a área do vidro, tal como o primeiro VW Passat brasileiro. O desenho da carroceria foi obra de Pio Manzú, filho do famoso escultor italiano Giacomo Manzú e grande nome do design italiano.

Autobianchi Primula. Vinha com freio a disco nas rodas dianteiras.

O Fiat 127 foi inovador, pois apenas 20% da sua área era ocupada pela mecânica, sobrando 80% para os passageiros e a bagagem.

Lamentavelmente, Pio faleceu em um acidente de automóvel antes mesmo de o 127 começar a ser produzido.

O 127 foi apresentado no Salão de Turim de 1971. No mesmo evento, a *carrozzeria* Fissore, de Savigliano (Itália), apresentou o Scout, um jipe baseado no novo Fiat e cuja inspiração era o Citroën Méhari, que, por sua vez, baseava-se no conjunto mecânico do Citroën 2 CV. Este mesmo conceito foi empregado pela Moretti para fazer um veículo chamado Midimaxi. Essa empresa também fez um esportivo, o 127 Moretti, de carroceria tipo berlineta. Outra empresa que se dedicou a fazer versões especiais do 127 foi a Coriasco, que criou uma perua de duas portas e um furgão com ampla área envidraçada de teto alto. Curiosamente, ambos os modelos pareciam prever a Panorama.

O 127 com terceira porta (tampa do porta-malas com vigia traseira incorporada) e banco traseiro dobrável, tal como o futuro 147 brasileiro, surgiu em 1972, quando o pequeno Fiat, já um grande

O Fiat 127, um grande sucesso europeu, serviu de base para o futuro 147 brasileiro.

sucesso de vendas, foi eleito, pela imprensa especializada, o "carro europeu do ano". Ainda em 1972, a Sociedad Española de Automóviles de Turismo (Seat), fábrica fundada em 1950 para fazer versões dos Fiat na Espanha, lançou o Seat 127, com carroceria de duas ou três portas. A *carrozzeria* Francis Lombardi, por outro lado, apresentou o (ou "a") Lucciola, um 127 ligeiramente alongado, de quatro portas, bem como um esportivo de desenho próprio.

Em maio de 1973, a Fiat passou a disponibilizar o carro nas versões básica e luxo, mas a grande novidade foi o fato de o 127 começar a ser produzido na Polônia pela FSO, sob licença. A ideia era fazer do 127 um carro popular como o 126, que também tinha sua versão polonesa. Em junho do ano seguinte, a Fiat produziu o 127 de número um milhão, enquanto a Seat havia modificado a carroceria hatch da versão que produzia e lançou os modelos de quatro e cinco portas do 127. Como se isso não bastasse, os espanhóis conseguiram unir a carroceria do 127 com o chassi do 850 e fizeram surgir o Seat 133, de motor e câmbio traseiros.

O 127 polonês se mostrou 30% mais caro que o 126, o que tornou a sua fabricação inviável, razão pela qual deixou de ser produzido em 1975. Em seu país de origem, porém, o 127 era um sucesso absoluto. Por esse motivo, foi lançada uma versão Special, com grade reestilizada e modificações no interior. O modelo de luxo, por outro lado, ganhou bancos dianteiros reclináveis e janelas traseiras com abertura como itens básicos.

A segunda série do 127 surgiu em 1977, com frente, traseira e painel de instrumentos reestilizados, além de janelas laterais traseiras maiores. A tampa do porta-malas foi ampliada e chegou quase até o novo para-choque de plástico ABS. Surgiram também novas versões de acabamento: L, C e CL. O motor brasileiro Lampredi 1.048 cc, de cinco mancais (o do 850, muito antigo, tinha apenas três) e 50 cv, tornou-se disponível nesse mesmo ano, inclusive com uma versão a diesel igualmente mineira (mas feita apenas para o mercado externo) de 1.300 cc. Surgiu ainda o furgão Fiorino, com compartimento de carga alto e que fez muito sucesso na Escandinávia.

A linha foi ampliada em 1978 com o 127 Sport, que tinha uma versão um pouco mais potente (70 cv) do motor brasileiro. Este carro corresponderia ao futuro modelo Rallye produzido em Betim. Outra novidade de 1978 foi o 127 Top (nome que, posteriormente, também seria usado no "nosso" 147), traduzindo-se numa versão especial com acabamento mais luxuoso. Em 2 de outubro do mesmo ano, na Iugoslávia, a Zastava, empresa surgida em 1853 e que começara a fazer carros de tecnologia Fiat em 1953, lançou

Fiat 127 Sport, de 1978: bom desempenho com motor de 70 cv.

A origem

o Yugo (ou Koral), cujo projeto mecânico era o mesmo do 127.

O oposto do 127 Top foi o 127 Rustica, apresentado em 1979, que, na verdade, era o 147 brasileiro. As principais características desse modelo eram o monobloco mais reforçado e o acabamento simplificado, características que o tornavam ideal para os moradores das áreas rurais. Nesse mesmo ano, o 147 começou a ser montado em Bogotá, na Colômbia, pela Compañia Colombiana Automotriz (CCA), e a Seat suspendeu a produção do 133.

Meses depois, em 1980, a Fiat lançou um novo produto derivado do 127: o Panda. Tratava-se de um carro urbano desenhado na ItalDesign por Giorgetto Giugiaro e que, futuramente, ganharia uma versão com sistema de tração nas quatro rodas. Com isso, a empresa fidelizava os consumidores que começaram a comprar carros Fiat a partir do lançamento do Rustica, que desapareceu em 1981.

Independentemente disso, a importação de carros prontos do Brasil aumentou a partir desse ano graças ao 127 D (que já saía de Betim equipado com motor movido a diesel) e ao 127 Panorama (na Itália, a Fiat jamais fabricou a versão perua do 127). Ambos os modelos se diferenciavam da frente europeia e eram específicos do mercado brasileiro. Para completar as mudanças, a Fiat, em março, substituiu as versões L, C, CL e Sport pelas Special, Super e Sport II, que ficaram no mercado até dezembro.

Mais uma vez reestilizado – com novos conjuntos ópticos, grade do radiador,

Fiat Panda, de 1980, derivado do 127 e desenhado pelo renomado Giorgetto Giugiaro.

para-choque, painel e volante – o 127 ganhou a sua terceira e última série em janeiro de 1982. Os carros dessa época eram produzidos opcionalmente com o motor 1.300 cc Lampredi a gasolina e o novo câmbio de cinco marchas. Vale destacar que, na versão 1.050 Super, as unidades com a nova caixa saíam de fábrica com o emblema "Super 5 Speed" na tampa do porta-malas. Eram vendidos na Finlândia com a denominação "Stella".

Enquanto isso, na Argentina, a Sevel (indústria pertencente à Fiat e à Peugeot), lançou o seu 147 com motor 1.050 cc. A Indústria Argentina de Vehículos de Avanzada (Iava), empresa pertencente aos concessionários Fiat locais, "envenenou" o carro com o motor 1.300 cc do 128 italiano e fez surgir a versão Sorpasso ("ultrapassagem", em italiano), que tinha 90 cv, carroceria aliviada e diversos apêndices aerodinâmicos.

Os 127 italianos de terceira série foram fabricados só até 1983, quando surgiu, na Itália, seu substituto: o novo Fiat Uno, que "herdou" diversos componentes do próprio 127. A sua montagem na Colômbia foi encerrada no mesmo ano, mas a Sevel passou a oferecer o 127 com câmbio de cinco marchas, inclusive em uma versão esportiva, denominada TR5, que tinha motor 1.300 cc de fábrica. A Seat só deixou de fazer o 127 em 1984, embora os espanhóis ainda tenham

Em 1982, o Fiat 127 passou por aquela que seria a sua última reestilização.

A origem

Na Europa, o Fiat 147 foi substituído pelo Uno em 1983, assim como ocorreria no Brasil futuramente.

utilizado sua tecnologia nos novos modelos Fura (basicamente um 127 remodelado) e Ibiza (de primeira geração).

Nesse mesmo ano de 1984, surgiu na Argentina o 147 DTR (com motor a diesel) e os modelos inspirados na linha brasileira Spazio, mas a produção do Sorpasso foi encerrada após a montagem de 405 unidades. No ano seguinte, o empresário norte-americano Malcom Bricklin, do carro esporte de mesmo nome, passou a importar o Yugo, que chegou a ser vendido nos EUA com itens como câmbio automático de três velocidades, injeção eletrônica e aparelho de ar-condicionado. A próxima novidade veio da Argentina: surgiu o Brio, modelo econômico (1.100 cc) e simplificado, semelhante em estilo ao 147 de 1976.

Ainda em 1986, o 127 voltou a ser notícia graças a Hollywood: o pequeno Fiat se tornou "astro de cinema" com o filme *Gung Ho – Fábrica de Loucuras*. No filme, um operário americano (interpretado por Michael Keaton) é considerado herói em sua cidade ao convencer empresários japoneses a reabrirem uma fábrica de carros falida, fato que resulta em uma grande confusão devido ao choque cultural entre os indivíduos dos dois povos. Na fantasia do filme, a empresa japonesa, que se chama Assan Motors, passa a produzir seus veículos nas antigas instalações da empresa americana, sendo que tal produto é, na verdade, o Fiat 147, que foi escolhido por ser quase totalmente desconhecido nos Estados Unidos. Aparentemente, foram usados carros importados da Itália, mas fabricados no Brasil, pois tinham a frente Spazio.

Vale citar que, apesar sua produção ter sido suspensa, o 127 ainda foi vendido na Europa até 1987, sob a forma de unidades do 147 importadas do Brasil e comercializadas sob um único padrão de acabamento, denominado Unificata, que correspondia à série Spazio. Outro aspecto curioso é que, pela mesma época, o 147/Spazio foi vendido na Venezula como Fiat Tuncán (tucano). Após o fim da produção no Brasil, o 147 continuou a ser feito na Argentina, não sofrendo grandes alterações até 1989, quando a produção do Brio foi interrompida. Em 1990, surgiu o Spazio T, mas o carro deixou de ser fabricado nas versões 1.100 e a diesel.

Além do propulsor 1.300, surgiu a opção do 1.400, em 1991 (último ano do Yugo nos Estados Unidos, após serem vendidas 141.511 unidades). Dois anos depois, em 1993, o 147 argentino foi rebatizado como Fiat Vivace. Esse modelo podia ser adquirido em uma categoria especial de financiamento e era muito semelhante ao Spazio T, cuja produção havia sido interrompida. Permaneceu sendo produzido pelos três anos seguintes. O último representante do projeto 127 foi o mesmo Yugo, que, em seu país de origem, teve a fabricação interrompida em 11 de novembro de 2008, encerrando o ciclo começado na Itália, no longínquo ano de 1971.

UMA REVOLUÇÃO
NO MERCADO BRASILEIRO

No primeiro semestre de 1976, o 147 brasileiro já estava pronto. Uma unidade licenciada em Betim (MG), de placa FB-0010, foi mostrada ao governador Aureliano Chaves ainda na fábrica. Inclusive, fotos dessa mesma unidade foram publicadas na revista *Auto Esporte*, edição 140, de junho de 1976. A publicação notou a dianteira diferente daquela adotada nos 127, os para-lamas mais largos, as lanternas traseiras maiores e a

modificação na lateral traseira, que adotou providenciais saídas de ar.

Na edição de março de 1976 da revista *Quatro Rodas*, em uma matéria que apontava possíveis novos carros que seriam mostrados no Salão do Automóvel no final daquele ano, um dos destaques foi o Fiat 147. A matéria salientava o cuidado com que a fábrica estava fazendo os testes e que o novo carro poderia até ter sido lançado ainda no primeiro semestre

A origem

do ano, mas que, para evitar riscos, a empresa havia decidido adiar o lançamento e continuar avaliando os protótipos. A Fiat não queria correr riscos e pretendia lançar o 147 livre de quaisquer problemas. Isso porque era relativamente comum naqueles tempos que, num lançamento, os primeiros carros saíssem das linhas de montagem com algum tipo de defeito. A cautela era compreensível, pois havia sido muito alto até aquele momento o investimento da Fiat na montagem de seu parque industrial no Brasil.

O então presidente da Fiat brasileira, Rinaldo de Pieri, falava da sua pretensão de entrar com força no mercado brasileiro, até então dominado pelo fenômeno Fusca. Suas armas seriam o bom espaço interno do 147, além da grande economia de combustível. Prometia também um rigoroso controle de qualidade – afinal, concorrer com o pequeno da Volkswagen, já considerado uma paixão nacional, não seria nada fácil, e só teria bons resultados com muita ousadia.

Em contrapartida, o presidente da Volkswagen, Wolfgang Franz Josef Sauer, já sentindo certa pressão por parte da Fiat, imediatamente rebateu, afirmando que era precipitado dizer que o 147 seria mais econômico que o Fusca, já que o valor de revenda de Fiat usado ainda era uma incógnita. Vale lembrar que, na época, o valor de revenda de um Volkswagen era o melhor entre o de todas as outras fábricas. Sauer lembrava que o Fusca provavelmente continuaria sendo o mais econômico, já que o preço das suas peças de reposição era baixo, além de possuir uma grande e completa rede de assistência técnica, cuja

A linha de montagem já estava pronta para produzir o Fiat 147 em série.

mão de obra era a mais barata do mercado. Como podemos observar, essa briga prometia.

O carro só foi mostrado ao público em novembro, mais precisamente no dia 18, durante o X Salão do Automóvel. O evento foi aberto pelo então presidente da República, o general Ernesto Geisel, o qual disse à imprensa que o salão o havia deixado satisfeito, principalmente pela evolução técnica da indústria automobilística brasileira. Porém, se havia algum motivo para que Geisel tivesse chegado a essa conclusão, só poderia ser o lançamento do Fiat 147 L. Era o veículo ideal para o momento, um período de racionamento de petróleo e incerteza quanto ao futuro do mercado, pois ele consumia pouco combustível e tinha tamanho compacto e baixo preço.

Volkswagen, GM, Ford, Chrysler, Alfa Romeo e Toyota não apresentaram nenhum modelo inteiramente novo, sendo as grandes vedetes do salão, além do 147 L, carros de produção limitada, como os esportivos Bianco S, Adamo e Lafer LL, o jipe Jeg, a pick-up Gurgel X-20 e as réplicas Concorde e Bugatti (essa última, da Tander Buggy). As circunstâncias sorriam para a Fiat, e a empresa, numa estratégia de marketing, oferecia um passeio ao volante de um 147 L pelo pátio interno do salão aos visitantes de seu estande.

No espaço a reservado à Fiat, o terceiro maior do evento (superado apenas pelos estandes da VW e da GM), a montadora expôs quinze unidades do 147 L pintadas em cores diferentes, incluindo os carros usados nos testes da fábrica e os primeiros protótipos com motor a álcool. Havia ainda um motor e um veículo em corte para demonstrar a disposição dos componentes mecânicos. Entre os carros expostos, estava a primeira unidade de série do 147, pintada na cor Cinza Itapema metálico. O histórico 147 de chassi número 0000001

O novo Fiat, que no Brasil foi chamado de 147 L, foi a maior atração do X Salão do Automóvel, no final de 1976.

superando, de uma única vez, o VW Passat, o Chevrolet Chevette e o Dodge 1.800/Polara, em grande parte graças à tração dianteira e suspensão independente nas quatro rodas, sendo a dianteira pelo sistema McPherson e a traseira por braços triangulares e feixe de molas transversal. Um dos maiores argumentos de vendas, entretanto, foi a economia de combustível, bastante alardeada na campanha de lançamento. Segundo a fábrica o carro podia fazer até dezesseis quilômetros com apenas um litro de gasolina, tudo graças ao baixo peso (oitocentos quilos, ou seja, cem quilos a mais que o 127, devido aos reforços para rodar no Brasil) e ao motor transversal Lampredi de quatro cilindros e 1.049 cc. A pequena unidade desenvolvia 55 cv (potência SAE bruta, como todas nesse livro) a 5.800 rpm, com torque de 7,8 kgm a 3.800 rpm, tudo isso com uma taxa de

Primeiras unidades do 147 desfilando pela cidade de Ouro Preto para fotos publicitárias.

foi doado pela Fiat para a Associação Brasileira dos Distribuidores de Veículos Automotores (Abrave) e, posteriormente, sorteado por esse órgão entre os seus associados. A concessionária ganhadora, localizada no Rio de Janeiro (RJ), foi a Milocar, do empresário Jorge Ribeiro, que posteriormente recebeu diversas ofertas da Fiat para que o carro voltasse a fazer parte do acervo histórico da empresa, sempre recusadas.

O 147 L já chegou ao mercado com o título de mais estável carro nacional,

O Fiat 147 chegou ao mercado com o título de carro mais estável do Brasil.

compressão muito baixa (7,2:1), apta a queimar a péssima gasolina comum da época. Era, portanto, o menor motor a equipar um carro de passeio no Brasil desde o fim da linha DKW-Vemag e do Renault Gordini.

PROPAGANDA INUSITADA

A Fiat fez história com uma grande e criativa campanha publicitária para o 147, especialmente no que diz respeito aos comerciais para TV, que são lembrados por muitos até os dias de hoje. Em um deles, foi retratado um teste na ponte Rio-Niterói, no qual o 147 L percorreu os 14 km da ponte gastando menos de um litro de combustível. Ainda sobre a economia de combustível, outro comercial mostrava uma estrada deserta com uma placa onde se lia "último posto", em seguida, via-se um Fiat 147 se aproximando em velocidade. O frentista, feliz, prepara a bomba de gasolina para abastecer aquele raríssimo carro andando naquela estrada, quando, para sua surpresa, o veículo passa sem parar. O trabalhador olha indignado para a câmera e diz: "Chegou o Fiat 147, o carro mais econômico do Brasil".

Mas a empresa não se ateve apenas ao atrativo da economia de combustível. Em outro comercial antológico,

Comercial histórico no qual um 147 percorreu os quatorze quilômetros da ponte Rio-Niterói gastando menos que um litro de gasolina.

A origem

um 147 realiza uma proeza até então inimaginável para um automóvel. Para provar a resistência da suspensão, um 147, sem nenhuma preparação especial, sobe e, em seguida, desce os 365 degraus da famosa escadaria da Igreja da Penha, na cidade do Rio de Janeiro, então comumente percorrida por fiéis que iam pagar promessas. O Fiat também "cumpre a promessa" e realiza com sucesso o trajeto. Ao final, o locutor diz: "Missão cumprida, o Fiat 147 subiu e desceu a escadaria da Penha com a suspensão intacta, provando que você não precisa pagar seus pecados sempre que aparece um carro novo". O comercial é uma alusão à fama que o Brasil tinha de lançar carros novos no mercado sempre com algum tipo de problema.

Para ratificar a durabilidade do 147, foi produzido ainda outro comercial de grande impacto, no qual o carro dava enormes saltos no campo de provas do exército de Gericinó, no Rio de Janeiro. Como se isso não bastasse, A Fiat contratou a equipe do malabarista automotivo Jota Cardoso para apresentar-se utilizando o Fiat 147, fato que traz consigo uma história curiosa. Jota Cardoso se apresentava usando veículos da Ford (Maverick, F-100, Corcel, etc.) e teve a ideia de fazer um *looping* com esses carros, mas a filial da empresa estadunidense achou que isso seria muito arriscado. A Fiat, porém,

Acima: proeza do Fiat 147 L, conhecido como "Roda da Morte".

À esquerda: em outra peça publicitária, um Fiat 147 retirado aleatoriamente da linha de montagem sobe e desce os 365 degraus da escadaria da Igreja da Penha, no Rio de Janeiro.

visualizando o grande efeito publicitário do feito, cedeu, em 1976, alguns dos primeiros 147 para a realização dessa tentativa. Consta que oito unidades foram destruídas até que se estabelecesse as condições necessárias de aceleração, ângulo e altura necessários para se fazer o *looping*, cujo efeito final foi impressionante, sendo o número conhecido como "Roda da Morte". Jota Cardoso trabalhou com a marca italiana até 1993.

Gravação do comercial do 147 no campo de provas do exército em Gericinó, Rio de Janeiro.

O 147 E SUAS NOVIDADES

O Fiat 147 foi um dos lançamentos que mais chamou a atenção dos brasileiros. O pequeno carro se destacava em qualquer lugar que passasse, sendo um fato comum que várias pessoas rodeassem um 147 estacionado na rua para admirar aquele veículo tão diferente. Ele tinha alguns itens de série interessantes, como faróis com fachos reguláveis por botões (permitindo fácil ajuste do facho com o carro carregado ou vazio), válvula limitadora da pressão dos freios (a disco/tambor sem servo) no circuito traseiro, carroceria com estrutura diferenciada, coluna de direção com articulações e terceira porta traseira, como nas peruas, e que se destacava por ter amortecedor a gás e, opcionalmente, vidro térmico, então uma novidade. O 147 L também se assemelhava às peruas no banco traseiro rebatível, o que aumentava consideravelmente a sua capacidade de carga.

O porta-malas, de boa capacidade, tinha acesso facilitado pela grande tampa traseira.

A origem

O painel de instrumentos era bem simples, com dois grandes instrumentos retangulares, sendo o esquerdo composto por velocímetro graduado até 160 km/h (com hodômetro total e luz indicadora do freio de mão acionado) e o direito pelo marcador do nível de combustível e diversas luzes espia. O sistema de ventilação tinha duas saídas redondas superiores e uma caixinha quadrada inferior que podia ter suas portinholas abertas ou fechadas. Existia uma faixa central no painel, feita em plástico que imitava madeira. Nela, ficava embutido o cinzeiro. Nos primeiros carros, não havia lugar para o rádio. Outra falha era a falta do porta-luvas, substituído por um porta-trecos sem tampa próximo aos pés do passageiro.

Do lado direito do painel, havia as teclas que acionavam os comandos do carro, as quais se destacavam por serem do tipo iluminado. O volante de grande diâmetro tinha dois raios. Atrás dele, localizavam-se as alavancas do pisca, dos faróis altos e do limpador do para-brisa. Outra grande novidade era o estepe instalado no compartimento do motor, não tomando espaço no porta-malas.

Apesar de pequeno, o 147 acomodava razoavelmente bem quatro passageiros, mas uma quinta pessoa não teria muito conforto no centro do banco traseiro. Os bancos dianteiros, pouco confortáveis, eram baixos e reguláveis somente em distância. Para um maior conforto dos ocupantes do banco traseiro, os revestimentos laterais eram vazados, aproveitando-se a parte interna dos para-lamas traseiros para o apoio dos braços, pois os vidros laterais eram fixos (podiam ser móveis, com duas articulações e trava, por um custo adicional). As capas dos bancos eram feitas em vinil preto ou caramelo, um erro em um país tropical. O tapete interno era de borracha.

À esquerda: os dois instrumentos retangulares do painel.
À direita: interior espaçoso, levando-se em consideração o tamanho do carro.

Externamente, a grade dianteira era preta, com os faróis retangulares instalados nas pontas. Havia também um emblema da Fiat bem ao centro, e os piscas estavam logo abaixo dos faróis, mas fora da grade. O que chamava a atenção era o pequeno tamanho do cofre do motor, fazendo com que muitos pensassem que o propulsor era minúsculo. Na realidade, ele não era tão pequeno, mas estava instalado na posição transversal, o que ocupava menos espaço no habitáculo, além de melhorar a transmissão para as rodas. Isso explicava porque apenas 20% do volume geral do carro era ocupado pela mecânica. O Fiat foi o primeiro automóvel brasileiro de grande série com motor transversal – atualmente, quase todos os automóveis têm esse tipo de projeto.

Os para-choques eram cromados e as rodas, de aço, tinham desenho esportivo e aro de 13 polegadas. Uma vantagem importante: o Fiat era o único carro pequeno que vinha com pneus radiais de série (145 SR 13, outra novidade, devido ao tamanho). Na traseira, as lanternas, maiores que as do 127, eram envolventes. Na tampa, havia um logotipo "Fiat 147 L". Na lateral, destacava-se um vinco longitudinal à altura da base do capô, e outro, mais baixo, na parte inferior da porta. Ambos tinham a função de aumentar a resistência torcional da carroceria. Aliás, a carroceria como um todo havia sido projetada tendo em mente a proteção de seus ocupantes, já que se deformava com mais facilidade em caso de choques, o que absorvia os impactos, causando menos danos aos passageiros. Para melhorar a circulação de ar dentro do veículo, havia saídas de ar atrás dos vidros laterais traseiros.

Devido ao motor instalado na posição transversal, o habitáculo do motor podia ser menor.

O Conselho Interministerial de Preços homologou para o 147 L o preço limite de 47.254 cruzeiros, mas ele chegou ao mercado por 44.570 cruzeiros (posto de fábrica), não se mostrando uma grande ameaça para o Fusca 1.300 (36.960 cruzeiros) e o Fusca 1.600 (38.604 cruzeiros), mas sim para carros como o Brasília e o Chevette, que eram vendidos por apenas 1.000 ou 2.000 cruzeiros a mais.

Como defeitos, podem ser destacados: os fechos dos cintos de segurança pélvicos (o de três pontos era optativo), que se soltavam com facilidade (mas o problema foi rapidamente corrigido); o sistema de regulagem do assento (os "dentes" de aço do assoalho amassavam e travavam o banco); as lentes das lanternas, que utilizavam parafusos de acrílico que ressecavam

A origem

e cujas cabeças se quebravam; o radiador, cujo sensor térmico, ou "cebolinha", não cumpria sua função de desligar a ventoinha; a posição demasiadamente horizontal do volante; e o câmbio, de engates difíceis. Além disso, era problemático o fato de, na ocasião da troca do virabrequim, o mecânico ter de girá-lo por três voltas em sentido anti-horário para a correia dentada ficar na tensão correta – muitas vezes, o profissional se confundia e girava em sentido horário. Além disso, o alinhamento das rodas deveria ser feito com o carro carregado, coisa que poucos concessionários faziam.

A qualidade das soldas da carroceria também deixava a desejar: o monobloco trincava na região próxima à linha de cintura da carroceria (área da maçaneta das portas) e a ancoragem da barra estabilizadora no monobloco (suspensão dianteira) "rasgava" após alguns anos de uso severo –

o que era um problema sério, pois a barra também tinha a função de posicionar as rodas longitudinalmente. Devido a essa característica de projeto é que as rodas do 147, em uma arrancada, demonstram que o veículo aumenta a convergência e o câmber de modo exagerado. Porém, todos os problemas citados foram gradativamente solucionados pela fábrica nos anos seguintes.

O motor, devido à péssima qualidade da gasolina brasileira (que tinha apenas 73 octanas, contra 98 octanas da europeia), teve a taxa de compressão diminuída de 9:1 para 7,2:1 e a cilindrada aumentada de 903 cc para 1.050 cc. O "irmão" italiano tinha um melhor desempenho, mas, apesar disso, a versão brasileira dava conta do recado, levando em conta as condições locais.

O 147 L era ágil no trânsito urbano e relativamente bom na estrada, especialmente após o limite de velocidade passar a ser de 80 km/h. Não se podia, claro, esperar grandes milagres do pequeno motor de 55 cv, mas ele atingia boa velocidade máxima – cerca de 135 km/h – com aceleração de 0 a 100 km/h de 18,3 segundos. O motorista tinha que ser cauteloso nas ultrapassagens, principalmente com o carro carregado e em trechos de subida. Em matéria de velocidade, o 147 estava bem à frente do Fusca – que, com seu motor de 1.300 cc, não passava dos 110 km/h – e bem próximo do Chevette e do Brasília.

O estepe era instalado no cofre do motor. Portanto, não roubava espaço no porta-malas.

Anúncio de lançamento do Fiat 147.

Outro ponto forte do carro eram os freios, com dois circuitos independentes e um limitador de freadas no eixo traseiro. Além de parar o veículo em pequenos espaços, evitava oscilação da traseira em casos de freadas de emergência, o que se traduzia em maior segurança.

CONCORRENTES

O Fiat 147 nasceu com o claro intuito de destronar o Fusca, mas sua missão não seria nada fácil. O Volkswagen era o carro mais vendido do Brasil, sendo considerado uma verdadeira paixão nacional, apesar do projeto desatualizado.

O Fusca nasceu nos anos 1930, na Alemanha, para ser o carro do povo. Seu sucesso foi absoluto após o fim da Segunda Guerra Mundial, apesar do design peculiar. Começou a ser produzido no Brasil em 1959, sendo desde esse início muito bem

A origem

aceito pelo consumidor. Durante os anos seguintes, sofreu poucas modificações, caso do motor mais potente, surgido em 1967 (era um 1.200 cc de 36 cv e passou a ser um 1.300 cc de 46 cv). Em 1970, ganhou novos para-choques, agora com uma única lâmina, e, em 1971, apareceu uma versão mais apimentada, com motor 1.500 cc, apelidado de Fuscão. No ano do lançamento do 147, a linha Fusca contava com três versões: o tradicional 1.300, o mais luxuoso 1.300 L e o Fuscão, agora com motor 1.600 cc.

Essa fatia de mercado, porém, também era disputada por outros dois veículos: o Volkswagen Brasília e o Chevrolet Chevette. Já o Ford Corcel e o Dodge 1.800/Polara ficavam em uma faixa de preço ligeiramente superior, portanto não concorriam diretamente com o 147.

O Brasília foi lançado em 1973, com motor 1.600 cc. Muitos acreditavam que seria o substituto do Fusca, o que acabou não acontecendo, e os dois carros dividiriam as linhas de montagem durante muito tempo. O Brasília foi outro grande acerto da Volkswagen: no ano seguinte ao de seu lançamento, já havia se tornado o segundo carro mais vendido do Brasil, atrás apenas do Fusca, fato que se repetiu em 1975 e 1976. Na realidade, a pequena perua era a única concorrente direta do 147, já que era também a única representante brasileira na categoria mini-perua até a chegada do Fiat e, depois, do Chevette Hatch.

Volkswagen Brasília, concorrente direto do Fiat 147.

O Chevette, na versão sedã, também foi apresentado em 1973 e foi o primeiro "anti-Fusca" do mercado brasileiro, apesar de ter a carroceria do tipo três-volumes. O modelo também vendia muito bem, mas não chegou a ultrapassar os produtos da Volkswagen até 1983. A vantagem do pequeno Chevrolet era a quantidade de versões, já que, em 1975, foi apresentado o Chevette Especial, um carro sem luxos e a um preço mais próximo do Fusca 1.300. Em 1976, foi a vez do esportivo Chevette GP e da luxuosa versão Chevette SL.

Chevrolet Chevette, apesar de ter carroceria de três volumes, era concorrente do 147.

CAPÍTULO 2

A EVOLUÇÃO DOS MODELOS

1977 – VERSÃO BÁSICA E GL

Embora o 147 fosse ágil no trânsito urbano, sua potência deixava a desejar nas estradas, sendo problemáticas, por exemplo, as ultrapassagens de emergência. Outro ponto negativo era, nas cidades, vencer ladeiras íngremes, especialmente em ruas de paralelepípedo molhado, pois todo o peso do veículo era transferido para a parte traseira, algo crítico em carros leves e econômicos de tração dianteira.

Antecipando a própria Fiat, no início de 1977, a empresa Silpo, de Silvano Pozzi, especializada em aumento da cilindrada do Chevette de 1.400 para 1.600 cc, desenvolveu um kit que elevava a cilindrada do motor 1.050 para 1.300 cc. Esse resultado era obtido graças à troca de virabrequim, biela, pistões, comando de válvulas, coletor de admissão e carburação.

Tal como a Fiat, Pozzi era italiano. Natural de Latina (ex-Litória), cidade localizada a cinquenta quilômetros de Roma, havia nascido em 1929 e, durante a adolescência, trabalhou em fábricas de motores. Veio para o Brasil em 1951 e, em São Paulo (SP), projetou e produziu as motocicletas Silpo. Depois, em 1959, passou a fabricar karts que também tinham motores próprios. Partiu então para a produção de motores estacionários, minitratores, motores de popa e hidro karts (o avô dos jet

Propaganda do Fiat 147, destacando o bom espaço interno.

O Fiat 147 básico vinha com rodas de aço com furos redondos e para-choques pintados na cor preta.

skis), além da máquina de lavar peças, que produziu em escala comercial.

Em 1967, Pozzi idealizou um motor de helicóptero, mas ficou mais conhecido, na década seguinte, por fazer kits de "veneno" para carros nacionais como o Fiat 147. Ele oferecia aos interessados três versões de motor 1.300 cc.

Na opção mais barata, mantinha-se o carburador original, modificando apenas a regulagem, e a taxa de compressão era aumentada de 7,2:1 para 8,5:1. Mesmo para essa opção, o proprietário teria de desembolsar 12.000 cruzeiros, o que equivalia a aproximadamente 25% do valor do 147 novo. Na segunda versão, o carburador original era substituído por outro, de duplo estágio, que ainda permitia o uso da gasolina comum. Essa modificação era feita a um custo de 15.000 cruzeiros. Já a terceira versão era para quem estivesse disposto a gastar o equivalente a quase metade do valor do carro, pois eram instalados dois carburadores Webber 40 de duplo corpo, além de um coletor de admissão preparado, e a taxa de compressão era aumentada para 9:1. Esse kit custava a bagatela de 20.000 cruzeiros, e o carro só poderia usar gasolina azul. Em compensação, o pequeno saía da oficina com 80 cv, apresentando desempenho mais esportivo e podendo atingir a velocidade máxima de 150 km/h. Silvano Pozzi faleceu em 2007.

Enquanto o 1.300 cc não vinha oficialmente, a Fiat resolveu diversificar a oferta de produtos, lançando em novembro de 1977 a versão 147 (básica, sem o "L") e a 147 GL (Grã Luxo), de acabamento mais apurado. Externamente, o 147 básico tinha rodas de aço com furos redondos e frisos metálicos somente nas molduras das portas dianteiras, além de para-choque e maçanetas pretos.

O sistema de ventilação forçada, ao contrário do que ocorria com o 147 L, não estava disponível nem como opcional, tal como o cinzeiro lateral traseiro esquerdo e o para-sol do passageiro. A intenção da Fiat era oferecer um produto mais barato, cujo preço estivesse mais próximo do Fusca. O 147 custava 61.300 cruzeiros, enquanto o Fusca custava 52.282 cruzeiros, aumentando para 54.600 no 1.300 L e para 56.425 no 1.600 (preços de dezembro de 1977).

O L tornou-se o modelo intermediário, e custava 64.550 cruzeiros. Como no GL, tinha espelho retrovisor externo de plástico ABS preto, assoalho acarpetado e bancos com capas redesenhadas (tal como as laterais de portas), ostentando costuras longitudinais. Vinha ainda com retrovisor interno dia/noite, tampa do tanque preta com chave e carpete liso cinza nas laterais traseiras e no acabamento do porta-malas. O assoalho também era acarpetado, com reforço plástico na área dos pedais. Os

O Fiat 147 GL, modelo mais luxuoso da linha, vinha com borrachão no para-choque e grade com filetes prateados.

A evolução dos modelos

descansa-braços tinham os puxadores e as maçanetas das portas incorporados.

Eram itens básicos o sistema de ventilação com uma velocidade e o para-sol do passageiro, enquanto o banco passou a bascular por completo para a frente, e não mais apenas o encosto. Além disso, nas laterais desse último, foram instalados os novos botões de comando das travas. Como opcionais, eram oferecidos vidros traseiros basculantes, acendedor de cigarros, bancos reclináveis (com ou sem encosto de cabeça), vidro traseiro térmico, rodas tipo luxo e sistema de aquecimento interno.

O GL apresentava borrachões nos para-choques cromados, barras das grades com pintura prateada e frisos cromados emoldurando as borrachas do para-brisa e da vigia traseira. Tinha um novo painel, mais alongado, com instrumentos octogonais (incluindo agora um termômetro) e sem a imitação plástica de madeira. O volante continuava com dois raios, mas era emborrachado e com botão de buzina retangular. Os bancos, com encosto ajustável para a cabeça, eram revestidos com veludo, que também estava presente nas laterais e podia ser preto, bege ou azul (as duas últimas cores não estavam disponíveis para o 147 e o 147 L). O carpete empregado no GL era de qualidade superior ao usado no L.

A manopla da alavanca de câmbio foi redesenhada, bem como a sua coifa, que se adaptava a um pequeno console. Os para-sóis se articulavam lateralmente e, do lado do passageiro, existia um espelho. O GL saía de fábrica com alças de teto com

Interior do Fiat 147 L, com os bancos redesenhados.

cabides, aquecedor elétrico de duas velocidades, espelho retrovisor interno antiofuscante, faróis bi-iodo e buzina de dois tons. O compartimento traseiro passou a ter uma cobertura que se movia em conjunto com a tampa do porta-malas. Assim, quando essa última era fechada, a bagagem ficava oculta.

Interior luxuoso do GL: bancos de veludo e painel de instrumentos redesenhado.

Propaganda do Touring Club do Brasil

Um dos destaques do GL era o fato de ter para-brisa laminado, que não estilhaçava quando quebrado, sendo um importante fator para a segurança. As cores Amarelo Canário, Azul Tirreno, Vermelho Corsa e Marrom Siena eram exclusivas do GL. Opcionalmente – tal como ocorria com o L –, podia ser adquirido nas cores metálicas Cinza Acciaio ou Cinza Bosco. Outros opcionais do GL eram o aparelho de rádio AM/FM (indisponível para os demais) e o sistema de aquecimento interno.

Nos três modelos, a taxa de compressão foi aumentada (talvez devido o aumento da mistura de álcool na gasolina), passando de 7,2:1 para 7,4:1, e houve o ganho de 1 cv. Outra novidade do ano foi a 147 Furgoneta, própria para o transporte de cargas, sem o banco traseiro, janelas laterais ou o vidro da vigia. A Furgoneta foi muito utilizada pela própria Fiat no serviço de assistência técnica do 147, especialmente em cidades do interior, quando a sua rede de concessionárias ainda era pequena. A experiência obteve êxito e o Touring Club do Brasil adquiriu dezoito unidades para serem usadas como carros de pronto-socorro para outros carros, por meio de seu programa chamado Eletrocarrograma, no Rio de Janeiro. Esse programa consistia na realização de avaliações dos veículos dos associados do clube, para verificar a regulagem e ver se estavam gastando demais.

Nesse ano, o Brasília teve poucas novidades: o interior ganhou mais luxo com painel de instrumentos revestido de material que imitava madeira, bancos de veludo e carpete no assoalho de melhor qualidade. Suas vendas durante o ano foram de 140.931 unidades, um pouco abaixo do Fusca (em suas três versões), que vendeu 156.862 unidades. O Chevette também teve poucas mudanças e 65.964 veículos encontraram novos donos. Já o Fiat 147, em seu primeiro ano inteiro de vendas, comercializou 63.468 unidades, provando que havia sido bem-aceito pelo público. E já começava a assustar a concorrência.

A evolução dos modelos

1978 – O CARRO DO ANO

Como ainda acontece hoje em dia, naqueles tempos, o consumidor brasileiro era apaixonado pelo seu carro e sempre procurava no mercado de acessórios produtos que deixassem seu veículo com um ar de exclusividade. Com isso, as fábricas de acessórios se multiplicavam no país. A Fiat, atenta a esse perfil de consumidor, passou a oferecer acessórios "originais" em suas concessionárias, e com garantia da fábrica. Entre eles, destacavam-se volante esportivo, rodas tala-larga, bancos diferenciados, conta-giros, console com vários instrumentos etc. Tudo feito sob medida e com controle de qualidade da própria Fiat – com certeza, um bom argumento de vendas, explorado pela empresa em suas campanhas publicitárias.

No início de cada ano, a revista *Auto Esporte* realizava o concurso "Carro do ano" (realizado desde 1966, inicialmente com a revista *Mecânica Popular*), cujo título era oferecido ao veículo que mais havia se destacado no mercado no ano anterior. Quem ganhou o título, e de forma convincente, foi o Fiat 147. A fábrica tinha o direito de usar o título "Carro do Ano" durante 11 meses, e a Fiat soube se aproveitar disso, com campanhas veiculadas em vários meios de comunicação.

Paralelamente, a Fiat, sob o comando do engenheiro Paulo Penido Filho, continuava trabalhando no desenvolvimento do motor a álcool para a linha 147, tendo como base o motor 1.300 cc com taxa de compressão de 12,2:1, equipado com o mesmo cabeçote nacional que equipava os motores exportados para a Itália. Bomba de combustível de maior vazão, velas de grau térmico mais frio, curva de ignição modificada e sistema de

Publicidade mostrando acessórios oferecidos pela própria fábrica.

Deu a lógica.

A revista Auto Esporte elegeu o Fiat 147 o carro do ano. 80 mil famílias também.

O 147 foi eleito o "Carro do Ano" de 1978, fato que foi amplamente explorado em campanhas publicitárias da Fiat.

partida a frio foram outras mudanças realizadas nos motores montados nos protótipos do 147 a álcool. Como era de se esperar, tais carros demonstraram ter melhor desempenho e maior consumo de combustível. Com a cooperação da Copersucar, a Fiat empregou um de seus protótipos do 147 a álcool para cruzar o Brasil, teste esse que foi finalizado em setembro de 1978.

Enquanto isso, no mercado, os dois principais concorrentes do 147 sofriam as suas primeiras reestilizações. O Brasília ganhou novos para-choques, agora mais largos, formados por uma lâmina de aço reta com ponteiras de plástico conhecidas como polainas, e também lanternas traseiras com desenho canelado. A Volkswagen foi a primeira fabricante brasileira a utilizar as polainas em seus carros – recurso que, nos anos seguintes, se tornaria uma tendência,

sendo também adotado pela maioria das fábricas. Mas seu efeito era apenas estético, ao contrário do que se observava nos carros americanos. Nos Estados Unidos, o uso de para-choques retráteis era obrigatório por lei; então, em caso de colisão, as polainas, muitas vezes sanfonadas, serviam para absorver o impacto e permitir a ação dos amortecedores sob os para-choques, que deveriam suportar pequenos impactos com velocidade de até 8 km/h sem causar danos à estrutura do veículo.

Já o Chevette passou por uma grande reestilização, inspirada em carros como o Pontiac Firebird de segunda geração. A frente era nova, com capô em forma de cunha e duas grades pequenas, com o logotipo "Chevette" em letra cursiva na grade direita. Os faróis, redondos, vinham dentro de uma moldura quadrada. As

A evolução dos modelos

versões eram as mesmas, ou seja: o básico L, o SL e o esportivo GP.

As vendas do Fiat 147 em 1978 haviam crescido 42% em relação ao ano anterior, com a soma de 90.538 unidades vendidas, ganhando do Chevette, que vendera 86.384 unidades. Já o Brasília brigou mês a mês com o Fusca pela liderança do mercado brasileiro. No final, o "besouro" ganhou por uma pequena margem: 160.792 contra 157.700 unidades.

Chevette, em 1978, após passar por sua primeira reestilização.

1979 – VERSÕES RALLYE, GLS, MOTOR 1.300 CC E PICK-UP

Nos modelos 1979, que foram apresentados no XI Salão do automóvel no final de 1978, ocorreram algumas poucas modificações externas: o emblema com a marca Fiat, antes instalado no centro da grade do radiador, foi deslocado para o lado inferior direito, enquanto as lentes das lanternas traseiras em todos os modelos deixaram de ser lisas e passaram a ser caneladas. Outras novidades foram a instalação do macaco no compartimento do motor (antes, ficava no porta-malas) e a nova posição do espelho externo, bem como o fato de o lampejador do farol passar a acionar a luz alta e não a baixa, como ocorria anteriormente. Mudou ainda o tipo de vinil usado nos bancos, e as borrachas do para-brisa e da tampa do porta-malas ganharam sulcos.

A Linha 1979 foi apresentada no Salão do Automóvel, no final de 1978.

Em 1979, o emblema da Fiat foi deslocado para o lado inferior direito da grade. Na foto, o modelo L.

O 147 Standard, que continuava com os para-choques pretos, perdeu o porta-trecos que ficava embaixo do painel, substituído por uma bolsa na porta esquerda, mas ganhou um tapete de borracha para o porta-malas. No 147 L, era novo o quadro de instrumentos, que foi ligeiramente modificado, com os mostradores mais altos e sem as suas molduras, e contando agora com termômetro. A manopla da alavanca de câmbio também mudou e o acabamento das maçanetas externas passou a ser preto, uma simplificação que o igualava ao 147 Standard. Ambos vinham com bancos forrados com um novo tipo de vinil, encosto não reclinável e novos laminados vinílicos nas forrações laterais.

À esquerda: a nova lanterna traseira canelada.
Ao centro: as borrachas do vidro traseiro e do para-brisa, que ganharam sulcos.
À direita: o novo painel de instrumentos do 147 L.

Também chegou ao mercado o modelo GLS (Grã Luxo Special), o primeiro Fiat nacional a contar com motor 1.300 cc de fábrica. Com exatas 1.297 cc, esse propulsor, ainda alimentado por um carburador de corpo simples, tinha taxa de compressão de 7,5:1 e desenvolvia 61 cv, ou seja, 5 cv a mais que o motor 1.050 cc, razão pela qual a engenharia alongou a relação de diferencial, que passou de 4,417:1 para 4,077:1, aproveitando o aumento da potência e do torque. Com o motor 1.300 cc, o 147 passou a atingir 139 km/h. A alteração no consumo de combustível foi irrisória, continuando muito boa.

Esteticamente, a nova versão diferia do GL por ter faixas laterais que iam de um extremo ao outro da carroceria, contando com a inscrição "1300 GLS" na área do capô. O carro tinha espelho retrovisor externo ovalizado preto, mesma cor aplicada nas maçanetas e na tampa do tanque, que tinha chave. Na grade do radiador, em vez do emblema com a marca Fiat, havia um com as letras "GLS", sendo que, no centro, era instalado um escudo de acrílico

A evolução dos modelos

Novo Fiat 147 GLS, o primeiro veículo da série a contar com motor 1.300 cc.

vermelho com a palavra "FIAT", peça circundada por louros metálicos. Outros emblemas "GLS" vinham nas laterais do capô e na tampa traseira. Os para-choques eram protegidos por uma faixa de borracha, como no GL, mas os dianteiros contavam, ainda, com um par de faróis de milha com lentes amarelas. Em toda a lateral da carroceria, havia um friso metálico com borracha no centro, que, além da função estética, servia também para proteger o veículo contra batidas de portas de outros veículos. Já o para-brisa era laminado e em degradê na cor azul.

Internamente, o formato do painel era o mesmo, mas foi incorporado um novo quadro de instrumentos principal. O velocímetro tinha escala para até 180 km/h (contra 160 km/h do GL) e, do seu lado direito, havia um conta-giros com escala até 8.000 rpm. Entre eles, na parte superior, estavam os marcadores do nível de combustível e o termômetro. No local antes ocupado pelo cinzeiro, foram montados o manômetro de óleo e o relógio, à direita dos quais se localizava o rádio AM/FM. O cinzeiro, então, foi deslocado para um novo console, junto com um relógio eletrônico. O volante, pintado na cor preta, também era novo, tendo características esportivas, com três raios perfurados. A cor interna predominante era o preto

Interior do Fiat 147 Rallye

Fiat 147 Rallye, o primeiro esportivo da linha.

(monocromático), incluindo os bancos de veludo, carpetes, a cobertura do extintor de incêndio (material igual ao tapete), para-sol e revestimento do teto. O GLS era o primeiro carro da linha equipado com cinto de segurança de três pontos como item de série. Já os bancos traseiros traziam como novidade o apoio para a cabeça. Com a chegada do GLS no mercado, o GL passou a ser uma versão intermediária, equipado apenas com motor 1.050 cc.

O GLS era um modelo de luxo e, por tal motivo, a Fiat também colocou no mercado uma versão do 147 com características mais esportivas, mas com mesmo motor 1.300 cc. Essa versão deveria concorrer com o Corcel II GT, o Chevette GP e o Passat TS. Batizado de Rallye, o modelo era inspirado no 127 Sport italiano e desenvolvia 72 cv graças a adoção do carburador Weber 34 de corpo duplo importado da Itália e do sistema de escapamento duplo. Com isso, o desempenho melhorava um pouco em relação ao GLS, com velocidade máxima de 145 km/h e acelerando de 0 a 100 km/h em 17,6 segundos.

O Rallye tinha uma pequena tomada de ar plástica no capô, spoiler dianteiro, para-choque (com faróis de milha retangulares) e maçanetas pretos. Na grade, em comparação com o GLS, só se substituiu o emblema dessa versão por outro com o nome "Rallye". Uma larga faixa adesiva, aplicada na parte inferior das laterais, trazia a identificação "1.300 Rallye" vazada na cor do carro. As rodas eram as mesmas do GLS, mas tinham o miolo pintado de preto.

Os bancos do carro tinham encosto alto tipo sarcófago (ou seja, o encosto de cabeça era incorporado ao corpo do banco), contavam com capa de desenho próprio, em vinil, e cintos de três pontos. O painel era o mesmo do GLS, mas com voltímetro e manômetro de óleo como instrumentos suplementares no lugar do cinzeiro. O volante, também igual ao do GLS, era pintado na cor prata.

Outra novidade apresentada no Salão do Automóvel foi a Pick-up Fiat, ainda de entre-eixos curto (igual outros carros da linha),

A evolução dos modelos

Pick-up Fiat: capacidade de carga de 380 kg.

sendo a primeira caminhonete nacional derivada de um automóvel de passeio. Carregava 380 kg de carga, tinha tampa traseira de abertura lateral, empregava as mesmas lanternas traseiras do 147 e podia ser equipada com motor 1.050 ou 1.300 cc. No estande da Fiat, havia uma pista de 750 metros onde o público podia experimentar seus automóveis.

Com estas novas versões, a linha 147 ficou bem diversificada, eram sete modelos à escolha do consumidor: básico, L, GL, GLS, Rallye, Furgoneta e Pick-up. Mas já corriam na imprensa especializada rumores de que a Fiat estava trabalhando em novas variações do 147, como a perua, ainda sem nome definido. Outra notícia veiculada na imprensa era que um possível futuro motor a diesel já estava em teste e poderia vir a equipar a pick-up (no Brasil, o diesel era proibido em automóveis, só autorizado em utilitários). Não haveria muita dificuldade técnica, já que os motores do 147, tanto o 1.050 quanto o 1.300 cc, haviam sido projetados para serem transformados em motores a diesel, fazendo-se apenas algumas modificações no cabeçote.

Um fato curioso foi a criação, por parte da Fiat, tal como já ocorrera na Europa, de uma equipe de rali composta apenas por mulheres. O Team Aseptogyl/Concessionárias Fiat, que utilizava unidades do 147 movidas

A Pick-up Fiat foi a primeira caminhonete derivada de um automóvel no Brasil.

O Fiat 147 Furgoneta, destinado a pequenas cargas, não tinha as janelas na parte traseira.

a álcool e pintadas na cor rosa, participou do I Torneio Feminino Fiat 147 de Rali, disputado em quatro etapas: Guarujá, Rio de Janeiro, Salvador e Ilha de Itaparica, contabilizando assim 2.500 km. Foi vencedora do torneio a dupla Maria do Carmo e Zilda Zacarias, de Santos (SP).

Em junho, o 147 a álcool também venceu o I Rallye Internacional do Brasil e, no mês seguinte, seu motor foi homologado pela Secretaria de Tecnologia Industrial, tornando o pequeno Fiat o primeiro carro feito em grande série, em todo o mundo, movido pelo combustível vegetal. Em agosto, a Telesp adquiriu 517 desses carros para ampliar a sua frota e, em setembro, o 147 participou de um grande teste, realizado pela revista *Quatro Rodas*, em que os carros a álcool rodaram no autódromo de Interlagos por 15 dias ininterruptamente.

Enquanto isso, no mercado, o Chevette também sofreu modificações e ganhou novas versões. A principal foi uma versão com nova carroceria de quatro portas. Houve

A evolução dos modelos

Novos veículos quatro portas no mercado: à direita, o Brasília, e, à esquerda, o Chevette.

também uma série especial chamada Chevette Jeans, destinada principalmente ao público jovem, que tinha o interior com as forrações de brim azul. Outra novidade foi a opção de cor interna vinho no Chevette SL, chamada de Château, semelhante à do Opala Comodoro.

O Volkswagen Brasília seguiu o mesmo caminho e foi lançada sua versão quatro portas. Tanto no caso do Brasília como do Chevette, essas versões eram destinadas a atender os profissionais de táxi e também o mercado externo. O Brasília, na verdade, já existia nessa versão desde o seu lançamento, mas os carros só eram fabricados para o mercado externo, especialmente para África do Sul, Argélia e Nigéria, país no qual era denominado VW Igala. Com o tempo, porém, tanto o Brasília como o Chevette de quatro portas ganharam alguns adeptos no Brasil.

A briga pela liderança do mercado nacional continuava acirrada entre o Fusca e o Brasília, sendo que esse último tomou a frente em alguns meses. No final, o Fusca ganhou por uma pequena margem (158.552 unidades, contra 150.597 unidades do Brasília). O Chevette e o Fiat 147 venderam, respectivamente, 71.023 unidades e 101.195 unidades.

1980 – LINHA EUROPA E PERUA PANORAMA

Após quatro anos no mercado nacional, os carros da linha Fiat foram reestilizados (exceto a Pick-up). A frente dos modelos L, GL, GLS e Rallye ganhou um capô liso, sem os dois vincos longitudinais. A peça avançava sobre a frente do veículo, que passou a ter piscas envolventes (nas cores branca e âmbar), novos faróis (colocados em uma posição um pouco mais baixa) e nova grade do radiador. Os para-choques de metal deram lugar aos de plástico polipropileno

Acima: nova frente do Fiat 147, chamado de Europa.
À direita e acima: o Fiat 147 L.
À direita e abaixo: a nova iluminação da placa traseira.

preto (capazes de aguentar impactos de até 6 km/h sem se deformar), oferecidos nas cores cinza ou preto. Permaneceram os protetores laterais (frisos), mais finos no L e mais grossos nos demais modelos, que apresentavam a indicação do modelo junto ao início da porta (GL, GLS ou Rallye). Com a nova frente, a linha Fiat foi chamada de Europa. O 147 básico, a pick-up e o modelo Furgoneta não sofreram modificações, ou seja, eram os mesmos carros de 1979.

A traseira ganhou poucas modificações. Além do novo para-choque, as luzes de iluminação da placa traseira, agora proeminentes, foram alojadas em carcaças de plástico preto parafusadas na lataria. O modelo Rallye perdeu o número "147"

A evolução dos modelos 59

que possuía na tampa do porta-malas, permanecendo apenas um emblema "Fiat Rallye".

Tanto o Rallye quanto o GLS continuavam a contar com o spoiler frontal, agora com faróis de milha instalados à sua frente, logo abaixo dos para-choques. L, GL e GLS tinham o mesmo modelo de espelho retrovisor, mas no L ele tinha o pé preto, e não cromado, como nos demais. A grade do GLS tinha acabamento prateado e todos os carros tinham um emblema com o nome "Fiat" no centro, exceto pelo Rallye, que trazia o escudo acrílico vermelho com o nome da marca emoldurado por uma coroa de louros metálica.

Internamente, o painel passou a ter tomadas de ar direcionais e volante redesenhado, o GL/GLS ganhou a opção do estofamento na cor marrom claro ou bege, e o Rallye, um bolso na parte inferior da porta do motorista, dividido em duas partes e com elástico. Em termos mecânicos, surgiu um novo filtro de ar, montado em cima do para-lama dianteiro interno direito e ligado ao carburador por uma mangueira, item de série no motor

Novo interior marrom do GL e GLS.

À esquerda e abaixo: o painel com novo volante e duas saídas de ar direcionais.
À direita e abaixo: o Fiat 147 GL Europa.

O GLS Europa continuava a ser o top de linha.

1.300 cc (presente no Rallye e no GLS) e opcional no 1.050 cc (presente nos demais modelos da linha).

Uma curiosidade: a revista *Quatro Rodas*, na edição de julho de 1980, em uma reportagem do "caçador de segredos" Nehemias Vassão, revelou a existência de um protótipo bicolor montado pela Karmann-Ghia que tinha como base a Pick-up Fiat. O veículo, denominado Jardineta, apresentava um aplique na parte traseira feito em aço e fibra de vidro que lhe conferia quatro janelas laterais (como a futura Panorama) e mais duas janelas no teto. Além disso, tinha uma tampa de porta-malas exclusiva, com vidro maior do que o utilizado no 147, e um bagageiro no teto que, futuramente, inspiraria a linha comercial da Fiat. A Jardineta, cuja proposta lembrava um veículo francês chamado Matra Simca Rancho, tinha bancos de padronagem xadrez, porém nunca foi produzida em série.

A evolução dos modelos

À esquerda e acima: o esportivo Rallye Europa continuava com spoiler e faróis de milha.
À direita e acima: o volante (igual ao do GLS) era diferente do restante da linha.

A maior novidade do ano, entretanto, foi o lançamento da perua Panorama, com desenho exclusivamente nacional e produzida apenas com a frente Europa. A distância entre eixos de 222,5 cm do 147 foi mantida, mas a traseira teve de ser aumentada em 18 cm. As diferenças começavam da coluna das portas para trás, com novas laterais, teto mais alto (apresentava um ressalto muito criticado, que lembrava as peruas Oldsmobile Vista Cruiser norte-americanas, mas sem a área envidraçada), e continuavam nas novas lanternas traseiras (na posição vertical), na tampa do porta-malas e no para-choque traseiro exclusivo. O espaço do porta-malas era um dos pontos altos da perua, com 669 litros de capacidade ou, após o encosto do banco traseiro ser rebatido, incríveis 1.292 litros. O seu carregamento era facilitado pela grande porta, que ia desde o limite do teto até o assoalho, e se mantinha aberta pela ação de dois amortecedores a gás. Além disso, o para-choque traseiro era rebaixado no centro para permitir a abertura da porta e facilitar o acesso à carga. Para otimizar a produção, o vidro da porta traseira era o mesmo do 147.

A Panorama teria como maiores concorrentes as peruas Ford Corcel (Belina II) e Chevrolet Marajó (lançada nesse mesmo ano) e a futura VW Parati (VW Brasília e Variant II já estavam com os dias contados). Ela começou a ser vendida na versão C (Conforto, que se equiparava ao 147 L em acabamento) e, logo depois, CL (Conforto Luxo). O estofamento podia ser preto, marrom ou bege e o painel da versão CL – desenhado pelo renomado estúdio Bertone – era bonito e diferente, inclusive no tocante aos instrumentos, embora fosse pouco prático.

Fiat Panorama, cuja capacidade de carga era o ponto forte.

Novo volante e painel da Panorama CL, desenhado no estúdio Bertone.

A manopla da alavanca de câmbio da versão CL também era específica, assim como o volante espumado com o desenho de um "V" invertido – desenho esse usado posteriormente em outros carros da linha 147. A perua foi o primeiro Fiat nacional a contar com servofreio a vácuo e cintos de segurança dianteiros de três pontos com enrolador inercial (opcionais). Os outros itens optativos, porém, eram os mesmos dos modelos normais. O motor 1.300 cc (não existia Panorama 1.050 cc) era o mesmo do 147 GLS, pois a perua era cerca de trinta quilos mais pesada que o carro que lhe dera origem.

Na suspensão traseira, o feixe de mola era um pouco mais rígido. A bitola do eixo era diferente e as rodas tiveram seu centro deslocado em três milímetros para a parte externa, evitando que os pneus raspassem nos amortecedores caso o veículo ficasse carregado, algo comum no 147. Isso, é claro, aumentou a bitola da Panorama em 6 milímetros. O câmbio tinha um novo sistema de lubrificação, de modo que o óleo também fosse jogado por cima das engrenagens, mas a melhoria real dos engates foi nula. O motor 1.300 cc conferia à perua um bom

A evolução dos modelos

A Panorama era 18 cm mais comprida que os outros carros da linha. Porém, o entre-eixos era o mesmo.

desempenho, atingindo a velocidade máxima de 143 km/h, acelerando de 0 a 100 km/h em 17,60 segundos. O restante do comportamento dinâmico foi herdado do 147, ou seja, ótima estabilidade e baixo consumo de combustível.

Um ponto muito criticado foi o vão da junção utilizada na carroceria. Ele dava a impressão de que a traseira havia sido emendada para ficar maior, e costumava trincar a pintura e juntar sujeira e umidade, o que produzia focos de corrosão.

Paralelamente, a Fittipaldi Empreendimentos e Representações, empresa dos pilotos Emerson Fittipaldi e Wilson Fittipaldi Júnior, desenvolveu uma versão esportiva do 147 Rallye Europa, com a denominação Fiat Fittipaldi. A ideia era oferecer algo semelhante ao que a Abarth fazia na Itália, ou seja, "envenenar" o produto de série para que ele ficasse mais atraente ao consumidor, uma medida inteligente, considerando que as importações estavam proibidas e o 147 era um carro muito estável.

O veículo, vendido em tons próprios de verde, azul e prata metálicos, apresentava grade, para-choque, spoiler dianteiro, capô, faróis auxiliares e espelhos retrovisores exclusivos. Tinha ainda rodas de liga leve com talas de cinco polegadas, pneus 175/70 Goodyear Grand Prix S, abas das caixas de roda proeminentes, teto solar, spoilers traseiros de teto e da tampa do porta-malas e o logotipo Fittipaldi em 14 lugares diferentes do veículo, lembrando um carro de Fórmula 1 estilizado.

Fiat Fittipaldi, um carro muito desejado na época.

As alterações do interior ficavam por conta do volante próprio de três raios, bem como pelos instrumentos do painel: conta-giros central, velocímetro graduado até 180 km/h, manômetro, termômetro, vacuômetro e marcador do nível de combustível. O motor 1.300 movido à gasolina era preparado por Jorge Lettry, famoso preparador de motores de corrida na década de 1950, que foi chefe da histórica equipe da Vemag e um dos fundadores da fábrica dos esportivos Puma. Os cabeçotes eram rebaixados – taxa de 8:1, contra 7,5:1 do GLS e do Rallye –, tendo seus canais retrabalhados manualmente, tal como ocorria com os coletores de admissão e escapamento, cuja tubulação era dupla.

A alimentação do Fiat Fittipaldi era realizada por um carburador de corpo duplo Weber 34 DMTR e, com tudo isso, o motor desenvolvia 75 cv. Uma grande novidade era o câmbio de quinta marcha desenvolvido pela própria Fittipaldi Empreendimentos e Representações – na época, a Fiat só oferecia seus carros com a caixa de quatro velocidades –, o que demonstrava o capital investido no projeto. Sua característica era ter primeira longa, quarta curta e quinta longa. Outro equipamento exclusivo era o servofreio (que o 147 também não tinha), os amortecedores e as molas especiais (rebaixados), bem

como a barra estabilizadora. O feixe traseiro só tinha duas lâminas (eram três no 147), com arqueamento próprio. Naturalmente câmber, caster e cambagem eram diferentes do modelo normal.

Outra empresa que se dedicou a "envenenar" o 147 foi a Engenharia de Projetos (Enpro), cujo proprietário era Roberto Beccardi, um ex-engenheiro da GM. A Enpro adaptava turbocompressores em uma época na qual o seu uso ainda não era comum – o que fez, por exemplo, no modelo Rallye. Por 560.000 cruzeiros (do jeito que saía da fábrica o carro custava 372.000 cruzeiros), a empresa fornecia um 147 com turbina Garret. Tal componente fazia o Rallye ir de 0 a 100 km/h em 9,2 s, contra, por exemplo, os 17,2 s do 147 GLS e os 13,2 s do Passat TS (ambos aspirados), sendo esse último o grande esportivo nacional da época. A velocidade máxima ficava em 189,4 km/h, contra 140 km/h do GLS e 162 km/h do Passat TS.

Em setembro, ainda com a frente antiga, a Fiat colocou no mercado o furgão Fiorino (nome de uma moeda criada em Florença, Itália, no século XII), tendo como base a plataforma alongada da Panorama. O modelo foi lançado durante a II Feira do Transporte (Brasil Transpo), realizada no pavilhão do Anhembi, em São Paulo. O furgão Fiorino, a gasolina ou a álcool, tinha

O furgão Fiorino contava com grande capacidade de carga e tinha como base a plataforma alongada da Panorama. Toda a linha comercial passou a contar com uma maior entrada de ar abaixo da grade.

acabamento semelhante ao do 147 L. Da coluna central para trás, porém, tinha uma nova carroceria em chapa, com capacidade para 2,5 m³ de volume, além de suspensão reforçada. O furgão Fiorino tinha as entradas de ar auxiliares, existentes abaixo da grade do radiador, um pouco maiores, alteração que se estendeu ao resto da linha comercial.

Ainda em 1980, o 147 se tornou astro de cinema graças ao filme *O incrível monstro trapalhão*. O filme teve cenas rodadas no Autódromo de Interlagos e envolvia carros de corrida, como o Fiat que pertencia ao vilão, interpretado pelo ator Eduardo Conde e que muito trabalho deu ao quarteto formado por Didi, Dedé, Mussum e Zacarias, conhecidos como Os Trapalhões.

VERSÃO A ÁLCOOL

Em 1980, devido à grave crise do petróleo que estava em curso, foi fortalecido pelo governo brasileiro o programa Proálcool, que estimulava a produção nacional de veículos movidos a álcool. A Fiat foi considerada por muitos como a pioneira na produção de motores a álcool. Naquele ano, as vendas desse gênero foram tímidas, pois a desconfiança do consumidor ainda era grande, embora já começassem a ganhar força.

Em teste realizado pela revista *Quatro Rodas* comparando o Fiat GLS com motor 1.300 a gasolina e a álcool, foi

Motor Fiat a álcool.

O Gol, lançamento da Volkswagen, mais um forte concorrente da Fiat no mercado dos pequenos.

comprovado que, nesse último, a economia era de 36%. O consumo do motor a álcool era, em média, 34% maior (8,79 km/L em média, contra 11,75 km/L do motor a gasolina). Porém, o preço do álcool era bem menor: 18,20 cruzeiros por litro contra 30 cruzeiros da gasolina (preços de outubro). Com isso, o valor por quilômetro rodado do álcool era menor que o da gasolina. Com certeza, um bom argumento de vendas, já que a economia no bolso do consumidor era um item muito importante em tempos de crise do petróleo.

Nesse ano, o Fiat 147 ganhou um novo concorrente: o virtual substituto do Fusca, o Volkswagen Gol. Com linhas modernas e estilo hatch, o novo veículo fez sucesso e em breve se tornaria um grande sucesso. Mas houve um detalhe inicial que quase acabou com a boa reputação do carro: o motor. A Volkswagem decidiu aproveitar o motor 1.300 refrigerado a ar do Fusca, que era instalado na dianteira do novo carro e que, com pequenos aperfeiçoamentos, ganhou 4 cv em relação ao original. Mas não era o suficiente, e o desempenho do Gol foi considerado fraco para a época, atingindo a velocidade máxima de 125 km/h e fazendo de 0 a 100 km/h em intermináveis 30 segundos. Isso desagradou aos proprietários, que compraram um carro moderno, bonito, mas que não acompanhava o ritmo nem mesmo de um Brasília. Era inferior até ao Fiat 147 com seu pequeno motor 1.050, que atingia 130 km/h. A empresa percebeu o problema e logo mudaria o motor, como veremos adiante.

Com a chegada do Gol, o Brasília começou a perder espaço dentro da Volkswagen. Nesse ano, ganhou apenas um novo painel como novidade. Ao contrário do que muitos pensavam, o novo carro não "mataria" o Fusca, mas sim o Brasília.

O Chevette ganhou a carroceria estilo hatch, agora concorrendo mais diretamente com o 147. O novo Chevette tinha a carroceria 22,1 cm mais curta e uma grande porta traseira que dava acesso ao porta-malas (que também podia ser

A evolução dos modelos

À esquerda: o novo Chevette Hatch, que, por ser dois-volumes, passou a concorrer mais diretamente com o 147.
À direita: a Marajó, nova concorrente da Panorama.

acessado pela parte interna, como no 147, no Brasília e no Gol), sendo, por isso, considerado um dois-volumes. Outra novidade apresentada no final do ano foi a versão perua do Chevette, chamada Marajó.

Como esperado, as vendas do Brasília caíram algo em torno de 60%, vendendo 62.567 unidades – perdendo terreno para o Gol que, apesar do problema do motor 1.300, teve 46.733 unidades vendidas. O Chevette, somando a versão sedã e a versão hatch, comercializou 89.356 unidades, enquanto o Fusca continuava firme na liderança do mercado, com 146.318 unidades no mesmo período.

O 147 sofreu uma pequena queda em relação a 1979, com 92.089 unidades vendidas. Porém, dessas, 33% eram a álcool (30.809 unidades), provando que o consumidor já estava se rendendo à economia desse novo combustível.

No mercado das peruas pequenas, a Panorama, nos poucos meses de vendas em 1980 desde que havia sido lançada, em setembro, comercializou 13.361 unidades. A Marajó, também lançada no final do ano, vendeu 5.455 veículos. Já a Belina e a Variant II (em final de carreira), venderam, respectivamente, 38.693 e 9.508 unidades.

1981 – PICK-UP MAIOR

Em 1981, o modelo básico, de frente antiga, também passou a ter duas entradas de ar maiores abaixo da grade do radiador, tal como ocorria com a linha comercial. O para-choque continuava de metal e pintado na cor preta. Servofreio e cinto de três pontos inerciais progressivos opcionais, tal como já ocorria com a Panorama, também passaram a equipar o resto da linha 147. Os instrumentos ganharam números de formato e cores diferentes no GLS e no Rallye, diferenciando as versões. O acabamento interno monocromático era opcional, englobando painel, volante e outros

O Fiat 147 básico continuava com a frente antiga, mas as entradas de ar abaixo da grade ficaram maiores.

detalhes, disponível para os modelos L, GL e GLS. Os bancos podiam ter revestimento em veludo preto e marrom (L) ou em tecido *pied-de-poule*, com as laterais em vinil preto ou marrom (GLS) e veludo preto estilo "espinha de peixe" (Rallye).

Toda a linha ganhou nova manopla do câmbio, mais anatômica e em formato de pera. Os modelos básico, L e GL tinham as opções de motores 1.050 ou 1.300 cc. Já o GLS e o Rallye, apenas o 1.300 cc. Todos com versões a álcool ou a gasolina.

O interior do Fiat 147 GLS, com tecido com estampa *pied-de-poule*.

Em 25 de março, a Fiat lançou, em Bragança Paulista, a sua nova picape, que também ganhou a denominação Fiorino. Ainda com a frente antiga, a Fiorino, com motores 1.050 ou 1.300, substituiu a Pick-up Fiat (curta), contando com parte dos estampos de lataria da Panorama e do furgão Fiorino, o que a tornou mais longa e, portanto, aumentou a capacidade de carga para quinhentos quilos – o que era identificado pela inscrição "½ ton" junto à borracha lateral na porta.

Segundo a fábrica, a nova pick-up podia ser utilizada com equipamentos adaptados, como escadas, por exemplo, além de servir ao transporte personalizado de passageiros, visto que esse tipo de veículo já fazia grande sucesso entre os jovens. A capacidade do tanque de combustível foi aumentada para 52 litros, superior aos outros veículos da marca. Em sua campanha publicitária, o novo veículo era chamado de "carguinha pesada", fazendo alusão ao seriado *Carga Pesada*, da Rede Globo, no qual os atores Antônio Fagundes e Stênio Garcia interpretavam Pedro e Bino, dois caminhoneiros que trabalhavam com um enorme caminhão Dodge D-950.

A capacidade de carga da picape aumentou para ½ tonelada, o que era identificado por uma inscrição na porta.

Baseada na pick-up Fiorino, a extinta revista *Motor 3* fez, em parceria com a Sulam, empresa dos pilotos Carol Figueiredo e José Giaffone, uma personalização de caráter esportivo. O veículo tinha, entre outras características, frente Europa, rodas de alumínio, teto solar Karmann-Ghia, faróis especiais sobre a capota, caçamba com proteção de lona, espelhos retrovisores externos cromados, para-choques plásticos, spoiler dianteiro, zincagem preta em maçanetas, trancas e correntes, som AM/FM estéreo com dois autofalantes, para-brisa laminado degradê e buzina bitonal. Também foram empregados diversos itens do Fiat Rallye, tais como: para-choque, spoiler, painel, quadro de instrumentos, porta-luvas, escapamento de saída dupla, bancos, painéis de portas, cintos de três pontos, servofreio, emblema 1.300, tomada de ar do capô, espelho retrovisor interno dia/noite, volante,

A nova pick-up, mais longa, renomeada como Fiorino, à semelhança do nome dado ao furgão já existente.

A evolução dos modelos

acendedor de cigarros, revestimento de teto, para-sóis e tapete de buclê. A pintura preta foi feita em acrílico com pigmentação importada, sobre a qual aplicaram-se faixas vermelhas Slideway. O custo da personalização era de 120.000 cruzeiros, sendo que um 147 básico custava, na mesma ocasião, 290.000 cruzeiros. A experiência realizada pela revista agradou a direção da Fiat, que, em 1983, baseada nessa personalização, lançaria a pick-up Fiat City.

Em julho, foi apresentado o 147 Série Especial, hoje muito raro. Tal carro tinha um logotipo com o numeral "500.000" aplicado em forma de adesivo nas laterais do capô, comemorando a fabricação da unidade do 147 de número 500.000 (incluindo as unidades exportadas). Os carros dessa série tinham pintura metálica especial, servofreio, faróis bi-iodo, bancos de veludo exclusivo, rádio AM/FM estéreo, conta-giros, cintos de segurança de três pontos e motor 1.300 cc.

Outra novidade de 1981 foi a melhoria nos veículos a álcool. Uma das maiores reclamações dos clientes, inclusive das outras marcas, era a maior corrosão que esse combustível ocasionava em várias partes do sistema de alimentação. Então, a Fiat modificou o tratamento interno da superfície do carburador e a junta do cabeçote recebeu anéis de aço inoxidável, em substituição aos de cobre. Outra melhoria importante foi feita na resistência da boia que indicava o nível de combustível, que

A pick-up Fiorino ganhou novas lanternas traseiras.

foi deslocada para fora do tanque, deixando de ter contato direto com o álcool e resolvendo, assim, o problema de falta de precisão do marcador por corrosão da resistência.

O sistema de partida a frio também foi melhorado, com a instalação de uma eletroválvula que garantia fluxo constante de gasolina quando a tecla era apertada.

Para evitar as "batidas de pino" características dos carros a álcool, a Fiat abaixou a taxa de compressão de 11,2:1 para 10,6:1. Essa mudança, aliada a mudanças de regulagem do giglê e outras melhorias em todo o sistema, tornou o carro mais econômico que a versão anterior, fazendo com que a empresa atingisse o seu objetivo.

Nesse mesmo ano, a Eldorado Veículos, uma concessionária Fiat de Brasília (DF), comprou o projeto do Fiat Fittipaldi. Essa mesma concessionária, inclusive, patrocinava um 147 que corria na categoria Hot Car. A venda do projeto se deu não só porque os Fittipaldi já tinham problemas suficientes com sua equipe de Fórmula 1, mas também pela dificuldade de adquirir unidades incompletas do Rallye diretamente da Fiat a preço de atacado para a posterior modificação. Assim, a concessionária relançou o carro como Fiat Eldorado 1.3, mas com uma novidade: o motor passou a ser movido a álcool, aproveitando, assim, a maior taxa de compressão do combustível.

Cada unidade do veículo era acompanhada de um catálogo de peças que podiam ser solicitadas pelo proprietário em qualquer revendedor Fiat. O preço do carro era 1.050.000 cruzeiros (julho de 1981), valor semelhante ao de um luxuoso Ford Del Rey, e a intenção era vender uma unidade por mês nas dez mais importantes cidades do Brasil. Para atingir esse objetivo, a concessionária fez um estudo das distribuidoras Fiat que mais haviam vendido o modelo Rallye em 1980, as quais receberiam, com prioridade, o novo modelo esportivo.

No Salão do Automóvel no final de 1981, foi apresentada a pick-up esportiva City. Essa versão contava com frente

Fiat 147 Série Especial. Produzido em comemoração às 500.000 unidades do 147 produzidas, é, hoje, uma verdadeira raridade.

A evolução dos modelos

Europa, o que deu aspecto mais jovem ao utilitário, muito embora o modelo com a frente antiga continuasse a ser produzido. O Fiorino, também com a frente Europa, além do modelo tradicional fechado, ganhou as hoje raras versões Settegiorni (em italiano, "sete dias"), com bancos traseiros rebatíveis, Vetrato ("envidraçado"), sem bancos e com baú "janelado", e Combinato, com bancos traseiros laterais.

Nova pick-up City, com frente Europa.

Ao lado: no final de 1981, a Furgoneta (ao centro) também ganhou a frente Europa. Abaixo: versões da Fiorino. Da esquerda para direita, Furgão, Vetrato, Combinato e Settegiorni, essa última com banco traseiro rebatível, que podia ser usada em serviço ou a passeio.

Neste mesmo evento, a Fiat apresentou um modelo 1.300 movido a gás de esgoto (metano), cujo projeto era da Sabepa, a companhia de saneamento do Paraná, em parceria com a paranaense Gazapro. Era o primeiro veículo nacional que poderia andar com esse combustível barato e abundante. O motor era o mesmo já fabricado, sem nenhuma modificação, e, na falta do gás, poderia continuar rodando com álcool ou gasolina. Também foi exposto o Fiat 127 D, com motor a diesel, fabricado no Brasil e exportado para 34 países, entre eles, a Alemanha e os Estados Unidos.

A Volkswagen reparou seu erro e substituiu o motor 1.300 do Gol pelo 1.600 a ar (o mesmo do Brasília), cuja potência era de 66 cv. A velocidade máxima subiu para 144 km/h e a aceleração de 0 a 100 km/h passou a ocorrer em 16,5 segundos. Esse novo propulsor agradou muito o consumidor, e, com isso, as vendas aumentaram para 38.598 unidades no ano. Outra novidade foi a versão três-volumes do Gol, o Voyage, com o motor do Passat (motor Klaus) 1.471 cc e 78 cv, que era arrefecido a água. Como era de se esperar,

o Brasília passou para o segundo plano, e vendeu apenas 18.499 unidades (seu fim estava bem próximo). Já o Fusca continuava líder no mercado, com 70.151 unidades vendidas. O Fiat começava a derrapar, com significante queda nas vendas, pois apenas 39.830 unidades encontraram novos donos. Já o Chevette, que nesse ano apresentara como única novidade o esportivo S/R com carroceria hatch, vendeu 56.293 unidades.

Com relação às peruas, a Panorama vendeu 6.226 unidades, a Belina, 18.970, a Variant II, 1.156 (naquele que foi seu último ano de fabricação), e a Marajó, 13.648 unidades.

Novo Voyage, a versão três-volumes do Gol.

VERSÕES C, CL, TOP E RACING

A linha Fiat 1982 foi apresentada à imprensa em agosto do ano anterior. O 147 passou a ser denominado 147 C, ganhando a frente Europa e aposentando o

A evolução dos modelos

desenho do modelo inicial (exceto a linha comercial), de 1977. Tinha para-choques de aço pintados em preto fosco (o único da linha Europa, os outros tinham para-choques de plástico polipropileno), bancos dianteiros com novas travas de fixação (dispostas lateralmente), para-sol para o passageiro, acendedor de cigarros, porta-trecos no console (à frente da alavanca de câmbio), painéis de porta redesenhados, espelho retrovisor interno com opção dia/noite, novos descansa-braços e revestimento de PVC estriado no porta-malas. Como opcionais, apresentava servofreio, cintos de três pontos, ventilador, aquecedor, rádio AM/FM mono, vidros laterais basculantes, bancos reclináveis e pintura metálica. Podia vir de fábrica com motor 1.050 cc a gasolina ou 1.300 cc a álcool.

O L transformou-se no CL. Tinha frisos laterais que indicavam a versão e a motorização (1.050 ou 1.300). Internamente, vinha com todos os equipamentos do 147 C – exceto bancos de veludo – bancos dianteiros recliáveis, estofamento monocromático preto ou marrom, volante espumado e assoalho revestido em carpete. Também tinha mais opcionais que o C: apoio para a cabeça, bomba elétrica para o lavador de para-brisa, ignição eletrônica, limpador e lavador do vidro traseiro (novidade na linha), temporizador do

O modelo básico foi renomeado como 147 C, e ganhou a frente Europa, mas com para-choques de aço.

Fiat 147 CL.
A identificação do modelo, assim como a motorização, vinham descritos na porta.

O Fiat 147 CL, que substituiu o antigo L. Os bancos internos eram de veludo.

limpador de para-brisa e vidro traseiro térmico. Os motores disponíveis eram o 1.050 cc a gasolina e o 1.300 a álcool.

O GLS foi rebatizado como TOP, nome também usado na Itália. Tinha a mesma estrutura do painel da Panorama CL (desenhada pelo estúdio Bertone), mas com manômetro, relógio e conta-giros. Os bancos dianteiros eram reclináveis por processo contínuo e tinham espumas de novo desenho que os deixavam com maiores dimensões, além de possuírem novos apoios para cabeça, reguláveis e removíveis. O traseiro tinha encosto rebatível em um terço do tamanho, permitindo transportar cargas grandes, e, ao mesmo tempo, levar dois passageiros. Os espelhos retrovisores externos maiores (como no Racing, com comando interno opcional), vidros climatizados e o servofreio eram itens de série. Tinha nova saída do escapamento, na cor cinza, novo limpador/lavador do vidro traseiro e, nas laterais do capô, um adesivo "147 Top". A lateral da carroceria ganhou largas faixas protetoras em polipropileno cinza, em concordância com a linha dos para-choques. O motor disponível era apenas o 1.300, que podia ser a álcool ou a gasolina. Como opcional, havia o teto solar, radio AM/FM estéreo, pintura metálica e aquecedor.

O Rallye passou a ser denominado Racing. Ganhou adesivos externos com tal denominação aplicados nas laterais do capô e um filete cinza, colocado na linha média horizontal do veículo. Os para-choques, antes na cor cinza, passaram a ser pretos. Havia a opção, como no TOP, do teto solar, mas o aerofólio da parte traseira do teto, além de ser exclusivo, era item de série. Usado no 127 italiano desde 1978, alguns veículos de comunicação diziam que ele colaborava para diminuir o consumo e aumentar a velocidade, enquanto outros diziam que ele só servia para juntar sujeira. De qualquer forma, a velocidade máxima do Racing era ligeiramente superior à do antigo Rallye (152 km/h contra 148 km/h).

O modelo Top, o mais luxuoso da linha, com belo painel completo desenhado pelo estúdio Bertone. O teto solar era opcional.

O esportivo Racing.

Fiat Racing utilizado em campanha publicitária que apregoava a esportividade. O seu interior tinha volante exclusivo.

A coluna de direção foi rebaixada, adotou-se um novo volante de quatro raios, e o painel era completo, com conta-giros eletrônico, voltímetro e manômetro de óleo. O extintor de incêndio passou a ser coberto e o compartimento do porta-malas ganhou um bagagito. Eram os mesmos reclinadores dos bancos do GLS (agora em veludo flocado preto, em vez de couvim), assim como os espelhos externos (com comando interno opcional), os para-sóis biarticulados e os cintos dianteiros de três pontos com enrolador automático. Da mesma forma, eram similares ao do GLS os novos sincronizadores da primeira e da segunda marcha, que deixaram de ser sincronizadores do tipo Porsche, pois foram substituídos pelos Borg-Warner, tornando o acionamento das marchas mais suave e preciso (o "novo" câmbio esteve inicialmente disponível apenas para as versões Top e Racing e, meses depois, para todos os modelos 147). O único motor disponível era o 1.300 cc a gasolina.

O antigo GL não teve substituto. Assim, a linha sedã passou a ter quatro versões (C, CL, Top e Racing), em lugar das cinco antigas (básica, L, GL, GLS e Rallye). Já a perua Panorama tinha duas variações: a versão C, mais barata, passou a ser fabricada com o motor 1.050 cc a gasolina, enquanto a CL saía de fábrica com o 1.300 cc a álcool ou a gasolina.

A Fiat prometia uma reestilização da linha 147 para 1983, mas também falava pela primeira vez do Uno, um novo carro mundial para um futuro próximo, a exemplo do que já haviam feito a

A evolução dos modelos

81

Chevrolet com o Monza e a Ford com o Escort. Como se pode perceber, a Fiat já preparava um substituto para o Fiat 147.

Como já era esperado, em março de 1982, o Brasília deixou de ser fabricado. Já o Gol estava se transformando em uma família: depois do hatch e da Voyage, agora era a vez da perua, chamada Parati. As vendas do Gol continuavam em crescimento (57.031 unidades) e, em breve, ele destronaria o Fusca como líder de vendas no Brasil. O velho "besouro", nesse ano, vendera 68.719 unidades. Enquanto isso, o Voyage também provava seu sucesso, sendo vendidas 67.906 novas unidades.

A linha Chevette quase não apresentou novidades. A única foi o lançamento de uma série especial batizada de Ouro Preto, atualmente muito rara. Durante o ano, o Chevette vendeu um total de 61.769 unidades. Pelos lados da Fiat, pela primeira vez, os veículos a álcool venderam mais que os a gasolina. Somando as duas versões de motores, contabilizou-se um total de 45.329 unidades comercializadas do 147. Entre as peruas, a Panorama vendeu 12.266 veículos, a Belina, 24.632, e a Parati, desde o seu lançamento, em agosto daquele ano, 11.402 unidades.

Nova perua Parati, concorrente da Panorama.

1983 – FIAT SPAZIO E NOVO FIAT OGGI

Em outra tentativa de modernizar o 147, a Fiat lançou, no fim de 1982, mas como modelo do ano seguinte, o modelo Spazio ("espaço", em italiano). Assim, durante algum tempo, foram produzidos ao mesmo tempo carros com a dianteira Europa, a antiga "quadrada" (Fiorino), e com a dianteira do novo modelo. No Spazio, a grade do radiador tinha desenho diferente, já com o novo emblema estilizado da Fiat, composto por quatro barras paralelas e inclinadas, que se popularizaria no Uno. Os faróis eram retangulares, mas com novo desenho, tal como os piscas, agora maiores e com pequenos repetidores instalados nas laterais dos para-lamas dianteiros (perto das portas). As lanternas traseiras também eram

Nova frente do modelo Spazio.

Na traseira, o Spazio ganhou novas lanternas e vidros maiores na tampa do porta-malas. Na foto, o modelo CL.

Clássicos do Brasil

vidro lateral traseiro desapareceram, sendo que outras foram instaladas nas portas. A tampa do porta-malas teve seu estampo modificado, passando a aceitar um vidro de dimensões maiores. As rodas de aço, do tipo com aberturas de arrefecimento circulares, empregavam calotas plásticas pretas, presas pelas porcas das rodas. A tampa do tanque de combustível passou a ser embutida na carroceria.

Na mecânica, a caixa de direção foi desmultiplicada (exigindo 3,8 voltas de batente a batente, contra as 3,4 voltas do modelo 1982), tornando-se mais leve e um pouco menos precisa. O câmbio de série continuava a ser a velha caixa de quatro marchas, mas, opcionalmente, surgiu o modelo de cinco velocidades, todas mais longas, tornando o Spazio ainda mais econômico que o 147. Além disso, parte do sistema de acionamento do câmbio de cinco marchas era diferente, com tirantes semelhantes aos usados, na Itália, no Autobianchi A112. Isso tornou os engates mais rápidos e macios, eliminando, ainda, a necessidade de se apertar a alavanca para engatar a ré. A capacidade do tanque de combustível passou de 43 para 53 litros.

O Spazio era vendido nas versões CL e CLS. Em ambas, internamente, os painéis de porta eram novos (com descansa--braços e maçanetas antigas), tais como o painel e seu quadro de instrumentos,

novas, mais largas, e com luz de placa incorporada.

Os espelhos retrovisores externos ficaram maiores, os para-choques tinham volumosas capas plásticas, o friso lateral de polipropileno ficou mais largo (com um emblema denunciando a cilindrada do motor na porta) e as saídas de ar do

A evolução dos modelos

À esquerda: o Spazio CLS vinha com faróis de milha.
À direita: o interior luxuoso do Spazio, cujo painel era totalmente novo.

com velocímetro e hodômetro total, indicador de nível de combustível e termômetro de água. O porta-trecos, que ficava no lado direito, era alto e não tinha tampa. A coluna de direção foi rebaixada; com isso, o volante deixou de ficar tão inclinado como antes. No modelo CLS, os bancos dianteiros tinham apoio de cabeça regulável e encosto reclinável pelo processo contínuo, enquanto o CL era ajustável em seis posições – duas a mais que no modelo antigo. A guia do banco dianteiro passou a ter uma peça de nylon no contato com o piso, deixando o sistema mais resistente. O revestimento era um misto de vinil com tecido sintético no CL e vinil e veludo no CLS. O espelho retrovisor interno era maior e os quebra-ventos foram redesenhados e tiveram alteradas as posições das travas. O painel era totalmente novo e o volante, desenhado pelo estúdio Bertone, tinha dois raios em "V" invertido.

A perua Panorama também ganhou a frente do Spazio, e os modelos disponíveis eram o C e o CL. Apenas a CL ganhou o novo painel. A C continuou com o painel antigo e forrações mais simples, tendo apenas como novidade o volante em

Panorama Spazio.

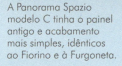

A Panorama Spazio modelo C tinha o painel antigo e acabamento mais simples, idênticos ao Fiorino e à Furgoneta.

"V" invertido como no restante da linha Spazio. Já a frente Europa ficou para os utilitários (mas que também tinham a opção da antiga frente alta) e para o Fiat 147 C, que passou a ser a versão de entrada do 147.

Também existia um modelo esportivo, o TR (iniciais de "Turismo Racing"), que substituiu o antigo 147 Racing. O para-choque dianteiro do TR, com spoiler, apresentava faróis de milha embutidos (eram ligados com os faróis altos principais). O spoiler de teto do Racing foi mantido e houve a adição de uma segunda peça do tipo na tampa do porta-malas, cujo vidro contava com limpador. As rodas eram as mesmas do Spazio, mas o escapamento tinha saída dupla e os novos espelhos retrovisores existiam para ambas as portas. Os bancos, mais confortáveis, tinham encostos maiores que, ao contrário do Spazio CLS, eram inteiriços, do tipo sarcófago. O

À esquerda: o esportivo TR tinha saída de escapamento dupla. À direita: o painel mais completo do esportivo TR.

A evolução dos modelos

volante, inteiramente preto e com quatro raios, era o mesmo do Racing, e a estrutura do painel repetia a do Spazio, mas com conta-giros, manômetro de óleo e voltímetro. No modelo esportivo, a caixa de câmbio de cinco marchas era item de série. O TR só tinha a opção de motor de maior cilindrada, que era um pouco mais potente que o 1.300 cc comum, desenvolvia 72 cv (contra 61 cv) e era chamado motor 1.300 TR. Com isso, atingia a velocidade máxima de 150 km/h, acelerando de 0 a 100 km/h em 16 segundos.

Ainda em 1983, ocorreu o lançamento do três-volumes Oggi ("hoje", em italiano), modelo específico do nosso mercado, mas que também foi exportado em CKD. Feito sobre a plataforma alongada da Panorama e oferecido apenas nas versões CS e CSL, o Oggi era uma resposta ao Chevette, ao Voyage e também aos concessionários Fiat, que há muito tempo reclamavam o lançamento de um modelo sedã. A vigia traseira e a tampa do porta-malas eram exclusivas do Oggi.

A traseira do carro era alta em relação à frente, lembrando o Alfa Romeo 2300, e terminava com um pequeno spoiler estampado na tampa do porta-malas, cuja capacidade de carga (440 litros), levando-se em conta o tamanho do carro, era excepcional. Como se esta vantagem não bastasse, o estepe e o macaco, como em todos os veículos da linha 147, ficavam no cofre do motor. Dentro do porta-malas só ficavam o triângulo e a chave de roda, porém soltos, como nos outros modelos da Fiat. As calotas, tal como a frente do carro, eram as mesmas do Spazio, mas pintadas de prateado, com aros mais largos, de 4,5 polegadas, contra as 4 polegadas do modelo de carroceria comum. No meio do ano, surgiram as rodas de liga leve opcionais.

O novo Oggi, o três-volumes da Fiat, lançado para concorrer com o Chevette e o Voyage, cujo ponto alto era a grande capacidade de carga.

Internamente o banco traseiro era mais confortável. O estofamento em veludo cinza ou preto e o carpete de padrão navalhado eram específicos do modelo. Havia também um pequeno porta-objetos atrás do encosto do banco traseiro. O restante era praticamente idêntico ao Spazio.

Em relação à mecânica, o Oggi vinha com motor 1.300 cc à gasolina ou a álcool. Esse último ganhou algumas melhorias, que depois seriam introduzidas nos outros carros da linha, como o carburador com banho de níquel químico, que aumentava a durabilidade. Outra novidade foi a válvula Thermac, que era instalada na entrada do filtro de ar e cuja função era manter a temperatura constante da mistura ar/combustível. Quando o carro estava frio, a válvula abria e o ar mais quente era captado por um tubo que passava pelo sistema de escapamento. Quando o motor aquecia, a válvula se fechava, permitindo somente a entrada do ar mais frio da tomada principal. Na prática, isso melhorava a dirigibilidade do veículo mesmo com o motor mais frio, permitindo que ele atingisse a temperatura ideal de uso de uma maneira mais rápida. O desempenho do Oggi era próximo dos outros modelos da linha com motor 1.300 cc: atingia a máxima de 146 km/h e acelerava de 0 a 100 km/h em 17 segundos.

Tanto os motores a álcool quanto a gasolina ganharam uma inovação inédita no Brasil: o sistema cut-off. Esse sistema era controlado por uma central eletrônica instalada ao lado da bobina, cortando o fornecimento de gasolina pelo giclê quando o motorista tirava o pé do acelerador com o carro em movimento, por exemplo, numa descida na estrada com o câmbio engrenado sem acelerar. Anteriormente, nessas condições, o combustível continuava sendo queimado inutilmente. A central eletrônica reestabelecia a alimentação assim que o motor atingisse 1.400 rpm ou menos, evitando que ele se desligasse no trânsito (ao parar em um semáforo, por exemplo). Isso proporcionava uma pequena, mas importante, economia de combustível.

As molas dianteiras do Oggi eram do Fiorino e os amortecedores foram

À esquerda: o luxuoso interior do Oggi.
À direita: o estilo característico do Oggi, com a traseira mais alta que a dianteira.

A evolução dos modelos

recalibrados, deixando o carro mais macio que a Panorama, o Spazio e o 147, mas com a mesma estabilidade. As unidades movidas a gasolina tinham taxa de compressão de 8:1, devido à maior proporção de álcool que o combustível fóssil recebia na época. Nos demais modelos da Fiat, a taxa ainda era de 7,5:1.

Feito por pouco tempo e em quantidades muito baixas, provavelmente o Oggi ainda se tornará um carro muito raro. A pick-up City e o furgão Fiorino, ainda com a frente Europa, usavam as rodas com calotas do Spazio e do Spazio TR, mas neles, como no Oggi, as calotas eram prateadas. Já a pick-up Fiat básica continuava com a antiga frente alta.

As pick-ups Fiat continuavam bem aceitas, e o principal argumento de vendas era a sua maior economia de combustível em relação à concorrência. Uma campanha bem-humorada da Fiat, veiculada ao longo daquele ano, dizia: "Compre uma Pick-up Fiat. Com a economia que ele faz, você poderá navegar de saveiro ou ir para o pampa", numa clara alusão às pick-ups Saveiro, da Volkswagen, e Pampa, da Ford.

Enquanto isso, um novo veículo pequeno foi lançado pela Ford em agosto: o Escort. Foi bem aceito no mercado e vendeu 24.174 unidades ao longo de seu primeiro ano. O Fusca já não era o líder de vendas, e esse título passou para o Chevette, com 85.649 unidades comercializadas (somando as versões sedã e hatch). Era a primeira vez na história que um veículo que não era fabricado pela Volkswagen tornava-se campeão de vendas no Brasil. O "besouro", que vendeu 62.958 unidades no ano, também foi ultrapassado em casa pelo Gol, com 69.926 unidades. O Voyage vinha logo atrás, com 60.715 unidades vendidas.

Ford Escort, mais um concorrente no mercado dos pequenos.

Para atingir esse resultado, o Chevette passou por uma grande reestilização. A frente tinha um novo conjunto óptico inspirado no Monza, com faróis retangulares e lanternas envolventes integradas. Os para-choques seguiam a mesma tendência e ganharam polainas nas pontas, enquanto a traseira recebeu novas lanternas. Outra novidade era a versão pick-up, chamada Chevy 500, que entrava

O Chevette ganhou uma grande reestilização.

Abaixo: para 1984, a mudança visual da linha Spazio foi composta pelas grossas faixas plásticas laterais que ligavam os para--choques e pela nova roda opcional.

no mercado para concorrer com as outras três pick-ups existentes: a Saveiro, a Pampa e a Pick-up Fiat, sendo que essa última levava vantagem por ser a mais barata do mercado. A Chevy 500 tinha um diferencial: era a única no segmento com tração traseira; assim, quando carregada, as rodas motrizes não patinavam como as concorrentes.

Já a produção do Fiat 147/Spazio teve uma queda em relação a 1982, sendo comercializadas 39.921 unidades contra 45.329 no ano anterior. A boa notícia para a Fiat é que parte dos consumidores tinham migrado para o Oggi, que vendeu 12.017 veículos, perfazendo um total de 51.938 veículos Fiat vendidos.

1984 – POUCAS MUDANÇAS

Em 1984, os modelos do Spazio receberam uma grossa faixa plástica contínua de polipropileno, a qual ligava os para--choques e cobria as laterais e as bordas das caixas de roda (exceto aqueles com frente Europa). Além da função estética, tais peças protegiam a pintura contra pequenas batidas de porta, algo muito comum de acontecer em estacionamentos. Internamente, o volante (agora de quatro

A evolução dos modelos

Novo interior do Spazio, com novo volante de quatro raios.

raios, com botão de buzina largo e retangular) e o pomo da alavanca de câmbio (imitando taco de golfe) foram redesenhados. O console, o relógio digital e as forrações dos bancos e das portas (com bolsa rígida para o passageiro) também eram novos, assim como o porta-malas forrado e com luz automática. Além disso, os apoios de cabeça dos bancos dianteiros foram redesenhados. No mesmo ano, foi produzida uma unidade do Oggi com motor a diesel, já usado nos demais carros da linha feitos para o mercado externo.

Outra mudança visual, válida como opcional para a Panorama e para o Oggi, foram as rodas totalmente redesenhadas, que posteriormente também estariam disponíveis nos outros modelos. A perua saía de fábrica com os aros mais largos do que os do Oggi e alavanca de câmbio nova, de desenho arredondado. Na linha de utilitários, a tradicional Pick-up Fiat deixou de ser fabricada no final do ano, restando a antiga frente alta apenas para o Furgão Fiorino. A pick-up City e a Furgoneta continuavam com a frente Europa.

Nos outros automóveis, as versões oferecidas em 1984 eram: Fiat 147 C (com frente Europa e motor 1.300 a álcool ou 1.050 a gasolina), Spazio CL (mesmos motores do 147 C, mais o 1.300 a gasolina como opcional), Spazio TR (motor 1.300, álcool ou gasolina), Oggi CS (motor 1.300, álcool ou gasolina), Panorama C (motor 1.050 a gasolina ou 1.300 a álcool) e Panorama CL (motor 1.300 a gasolina ou a álcool). Houve também pequenas modificações no motor 1.050 a gasolina, que, aliado ao câmbio de 5 marchas, tornou os veículos com ele equipados ainda mais econômicos. Houve um aumento da taxa de compressão de 7,5:1 para 8:1, permitindo aos engenheiros alterar

Spazio TR, também com novos acabamentos nas laterais.

as curvas de potência e torque. Em teste realizado pela revista *Quatro Rodas*, os veículos Fiat equipados com esse motor chegaram a rodar até 18,20 km/L na estrada (só com o motorista). Na cidade, o consumo era de 12,32 km/L, um recorde na indústria automobilística nacional. O motor com taxa de 8:1 estava disponível para o Spazio, Fiat 147 C e Panorama C.

Em agosto chegou ao mercado o aguardado Uno, o carro mundial da Fiat, que já havia substituído o Fiat 127 na Itália e tinha a mesma missão no Brasil. O Uno fora lançado um ano antes na Europa, e eleito o "Carro do Ano" por lá. No Brasil, de início, foi disponibilizado em três versões: S, CS e SX, álcool ou gasolina, apenas com a carroceria de três portas, então uma preferência do brasileiro. Os motores e boa parte da suspensão eram os mesmos que equipavam a linha 147.

A evolução dos modelos

Algo inédito ocorreu no mercado brasileiro: outra vez, foi um carro da Chevrolet o mais vendido do Brasil. Contudo, não era pequeno e nem popular. Com 70.577 unidades produzidas, o Monza foi o primeiro automóvel no Brasil de porte médio a ocupar o lugar de mais vendido, realmente uma grande proeza. O Gol aparecia em segundo (55.143 unidades), seguido pelo Fusca (53.539), Chevette (51.586), Escort (50.617) e Voyage (44.929).

As vendas dos 147 e Spazio vinham em queda livre, tendo registrado, naquele ano, 23.457 unidades comercializadas. Porém, o Uno, nos poucos meses desde começara a ser oferecido nos concessionários Fiat, vendeu 17.291 carros, provando que o novo veículo estava entrando no mercado para brigar forte com a concorrência.

Novo Fiat Uno, virtual substituto do Fiat 147.

1985 – PRÓXIMO DO FIM

O ano se iniciou com poucas novidades para a linha 147 e muitos boatos de que, com a chegada do Uno, essa linha deixaria de ser fabricada. O Spazio não sofreu nenhuma alteração, enquanto o Fiat 147 C ganhou novas forrações internas. Por fora, herdou a frente do Spazio, porém com os para-choques de metal na cor preta e sem as coberturas plásticas das caixas de roda ou as calotas grandes presas pelas porcas das rodas. O painel continuava a ser o mesmo do primeiro GL, enquanto o volante, tipo V invertido, era o mesmo desenhado por Bertone para as primeiras Panorama. Além disso, apresentava novas cores na carroceria.

Interior mais simples do Fiat 147 C.

Finalmente, o Fiat 147 C herdou a frente do Spazio, mas com para--choques de metal e sem as coberturas plásticas na lateral, além de rodas mais simples.

Os resultados da chegada do Uno logo foram sentidos: em abril, o Spazio saiu de linha e, logo em seguida, foi o fim do Oggi, cujo espaço seria ocupado pelo Uno de três volumes, denominado Prêmio. Antes de ter sua produção encerrada, porém, o Oggi foi produzido em duas versões interessantes: Pierre Balmain e CSS (essa, surgida no fim de 1984, como modelo do ano seguinte). A primeira foi inspirada nos Lincoln assinados pelos estilistas Givenchy e Bill Blass, e levava o nome de Pierre Balmain (1914-1982) um famoso estilista francês. Tinha acabamento luxuoso, contando, inclusive, com um jogo de malas exclusivo, dois aspectos no qual se parecia com o Monza Clodovil, carro "produzido" pelo concessionário Chevrolet Itororó.

O CSS foi uma versão esportiva do Oggi, da qual se produziram apenas 300 unidades e que foi feita unicamente para homologar o motor 1.400 cc, com cabeçote especial, para o Campeonato de Marcas e Pilotos. Nesse campeonato, corriam carros de fabricação nacional, como Ford Escort, VW Voyage e Chevrolet Chevette (esse último, com cabeçote do Monza). O Oggi CSS tinha 78 cv,

A evolução dos modelos

Oggi CSS, rara versão esportiva feita para homologar o motor 1.400 para as pistas.

câmbio de cinco marchas de relações mais curtas e rodas de liga leve exclusivas (tendo cambagem mais negativa nas rodas traseiras). Foi disponibilizado apenas na cor preta com filetes vermelhos e tinha homocinéticas superdimensionadas, barra estabilizadora dianteira e bandejas da suspensão traseira mais grossas que as do Oggi normal. O painel era do Spazio TR, mas com volante exclusivo, além de cintos de segurança vermelhos.

Agora, a linha do 147 contava apenas com o 147 C, a Panorama CL, a City e o Fiorino. Apesar disso, a Fiat ainda produziu 13.077 unidades do 147 C/Spazio. A linha comercial ainda era bem procurada, principalmente por ter o menor preço do mercado: City e Fiorino venderam, juntos, o total de 8.046 unidades naquele ano. Vale lembrar que, na época, o Monza foi pela segunda vez consecutiva o carro mais vendido no mercado brasileiro.

1986-1987 – O FIM

Em 1986, ano em que o Fusca deixou de ser fabricado, toda a linha Fiat nas versões a álcool passou a contar com dispositivo automático de partida a frio. Ainda nesse ano, foram feitos os últimos Oggi, 96 especificamente, movidos a diesel. Foram produzidos em CKD, destinados ao mercado externo.

Depois do lançamento da Elba, a Panorama ganhou algumas peças da perua Uno, como ponteiras dos semieixos, mangas de eixo, rolamentos de roda e amortecedores, todas elas mais robustas que os itens empregados anteriormente. Apesar disso, em 1987, a Panorama e o

Abaixo e na página ao lado: em 1986, a linha comercial ganhou a frente do Spazio, que continuou no mercado por algum tempo após o fim da produção do Fiat 147.

147 deixaram o mercado, restando apenas a linha comercial, que continuou sendo produzida até ser substituída pelos modelos correspondentes da linha Uno, lançados em 1988.

Independente disso, segundo a Associação Nacional dos Fabricantes de Veículos Automotores (Anfavea), o 147 continuou a ser feito até 1989 e o Spazio, até 1996, ambos em CKD. Nesse ano, a linha deixou de ser oferecida no mercado argentino, o que desencadeou a paralisação de sua fabricação em Betim. Em agosto, foram produzidas

A evolução dos modelos

as últimas 624 unidades do Spazio, em CKD.

    Assim se encerrou a história do primeiro Fiat produzido no Brasil, veículo pequeno e pioneiro, tanto no uso de motor transversal como na produção em série de um carro a álcool. Também foi o primeiro a ter uma pick-up e um furgão entre seus derivados. Mas ele cumpriu um papel ainda mais importante, pois – apesar de, posteriormente, em especial durante a década de 1990, ter sido rechaçado por algumas pessoas –, abriu o caminho para outros grandes sucessos da empresa, como o Uno e o Palio, com os quais a Fiat posteriormente superaria a Volkswagen e assumiria a liderança na fabricação de veículos no Brasil.

CAPÍTULO 3

CURIOSIDADES

ESPORTIVOS FORA DE SÉRIE

Dois dos melhores e mais avançados esportivos brasileiros, o Dardo e o Farus, usavam componentes do Fiat 147, fugindo da tradicional receita que empregava o chassi e a mecânica Volkswagen arrefecida a ar. Conheça um pouco sobre a história de ambos os carros.

DARDO: UMA CÓPIA DE MESTRE

Na segunda metade da década de 1970, Toni Bianco, baseado no carro de corridas Fúria, criou o carro esporte Bianco, que utilizava carroceria de fibra de vidro com chassi e mecânica Volkswagen (motor arrefecido a ar de 1.600 cc). Após ser exposto no X Salão do Automóvel, em 1976, o carro teve tantas encomendas que Toni recebeu a proposta de vender o projeto, além de se tornar colaborador da fábrica que produziria o esportivo. A proposta foi aceita, mas, devido a desentendimentos, Toni deixou o empreendimento e foi contratado para desenvolver um novo veículo pela Corona Viaturas e Equipamentos S.A., empresa do grupo Caloi, localizada em Diadema (SP).

O GT da Corona era baseado no Fiat X 1/9 italiano, veículo lançado em 1972 e que era uma evolução de um *dream car*, de 1969, o Autobianchi Runabout, desenhado por Marcelo Gandini para o estúdio Bertone. O modelo nacional, com seu característico teto targa, de capota desmontável, recebeu o nome Dardo F-1.3, e foi o primeiro esportivo nacional com componentes mecânicos do Fiat 147. Apresentado no XI Salão do Automóvel, em 1978, o Dardo F-1.3 começou a ser produzido em agosto do ano seguinte.

O Dardo F-1.3 também tinha carroceria de fibra de vidro, mas usava toda a mecânica do Fiat Rallye, como o motor 1.300 cc montado em posição central entre eixos. As suspensões independentes,

Curiosidades

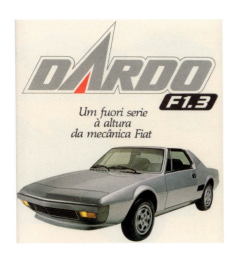

encomenda da Corona, transformou o motor Fiat de 1.300 para 1.500 cc, fazendo o Dardo ganhar 24 cv (passou de 72 cv para 96 cv). A Mont Serrat, do empresário Eduardo Di Nizo, também modificou o Dardo F-1.3, mas se tratava de uma personalização voltada ao estilo e ao conforto.

Com a customização da Mont Serrat, o Dardo F-1.3 passou a contar com um complexo sistema elétrico. Os itens desse sistema eram acionados por 23 teclas distintas, ou 55 caso se considere a calculadora eletrônica Casio ML-90 também

tanto na frente quanto na traseira, usavam o sistema McPherson frontal do 147, tendo, portanto, freios a disco nas quatro rodas. O chassi utilizava tubos de seção retangular e circular, integrados em caixas de chapas de aço com formato triangular. Nessa estrutura, era laminada a carroceria de fibra de vidro, resultando em um monobloco rígido, tecnicamente semelhante ao sistema Plasteel utilizado nos jipes da Gurgel.

Em 1981, foram feitas algumas alterações. Surgiu um painel de instrumentos próprio (antes, era usado o da Variant II) e foram realizadas mudanças no acabamento interno e nos para-choques. Além disso, nesse mesmo ano, Silvano Pozzi, da Silpo Equipamentos Esportivos Ltda., por

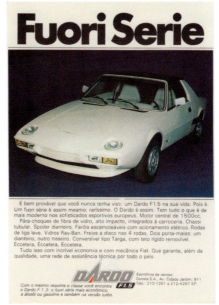

Dardo: um dos poucos fora de série brasileiro que utilizava mecânica da Fiat.

100 Clássicos do Brasil

Acima: a traseira do Dardo F-1.3.
Abaixo: o requintado interior do Dardo F-1.3.

presente no painel. Além disso, a capota era transparente, o sistema de som era montado acima da cabeça do motorista e os alto-falantes ficavam nos apoios de cabeça dos bancos dianteiros.

Em 1982, os faróis passaram a ficar à mostra, e a Corona encomendou à Centemec Ltda., do Rio de Janeiro, um turbocompressor para ser instalado no Dardo F-1.3 movido a álcool. Foi empregada a turbina Lacon-Schwitzer 2LD 243, montada no carro em São Paulo, pela Larus Turbo, que acabara de ser fundada pelo piloto Atila Sipos. A potência do Dardo F-1.3 turbo álcool era de 96 cv. Muito raro, o Dardo teve a sua fabricação interrompida em 1985.

Curiosidades

A BREVE HISTÓRIA DO FARUS

Também em 1978, o mesmo ano em que o Dardo foi lançado, o italiano Alfio Russo, proprietário da Italmecânica, uma fábrica de equipamentos mecânicos para a produção de rações, começou a financiar o projeto de um carro esporte com carroceria de fibra de vidro. Seu filho, Giuseppe Russo, encabeçava o projeto em um galpão do bairro Salgado Filho, em Belo Horizonte (MG), local em que surgiu o Farus. O nome "Farus" surgiu como uma contração de "Família Russo". Foram empregados no projeto, em sua fase inicial de criação e desenvolvimento, cerca de 5 milhões de cruzeiros.

O Farus era um GT 2+2 feito em fibra de vidro, cujo estilo lembrava o BMW M1, o Lotus Esprit e o Ferrari Dino 308 GT4. Todos seus componentes mecânicos derivavam do Fiat 147 Rallye, e, por tal motivo, ele era considerado pela família Russo um veículo "mineiro até os ossos". A equipe responsável pela criação do carro era composta por doze pessoas, incluindo funileiros, torneiros, carpinteiros e desenhistas, e logo aumentou para vinte. Entre os membros dessa equipe, estava o engenheiro José Carlos Giovaninni, que já havia trabalhado na Engenharia de Projetos da Fiat e conhecia a fundo os componentes mecânicos do 147, razão pela qual foi incumbido de desenhar e construir o chassi do protótipo.

Outro membro do grupo era Arcadyi Zinoviev, um russo formado em engenharia na Austrália, que foi responsável pela carroceria do esportivo mineiro, cujo

Farus, um dos mais belos fora de série nacionais.

modelo em escala (modelo em gesso, na escala 1:5) teve a sua aerodinâmica testada em túnel de vento, sendo obtido o coeficiente aerodinâmico (C_x) de 0,30. Zinoviev, antes de trabalhar no Farus, já havia feito parte de diversas equipes europeias de competição, inclusive a escuderia de Fórmula 1 March. Ele tinha sido responsável pelo projeto do Avallone TF,

Atualmente, o Farus ML 929 é um veículo muito raro.

uma réplica do MG TF feita com mecânica Chevette pelo piloto Antonio Carlos Avallone. Nesse projeto, o russo foi o responsável pela solução de um grande problema do veículo, ao colocar os amortecedores na parte interna do chassi, o que fez modificando o braço de controle, acrescentando uma extensão para o lado interno, soldada, além do eixo de articulação. O amortecedor passou a ser fixado na extensão pelo olhar superior, enquanto o inferior era fixado no chassi, viabilizando a união da suspensão GM com o design do carro inglês.

Para suportar a carroceria, da qual inicialmente foi feito um modelo em madeira na escala 1:1, o chassis do Farus, feito em chapas de aço dobradas, era do tipo Lotus, ou seja, com duplo Y e espinha dorsal, pesando apenas setenta quilos. As soluções mecânicas eram as mesmas usadas no Dardo (motor central traseiro e suspensões independentes do 147), mas com as barras estabilizadoras modificadas. Quando o carro ficou pronto, após um investimento total de 12 milhões de cruzeiros e trinta meses de trabalho intensivo, foi batizado como Farus ML 929. Segundo a revista *Motor 3*, que experimentou o carro em 1980, a sigla utilizada tinha significado de ordem sentimental para Alfio. Ele não revelava a razão da escolha, mas consta que "ML" seriam as iniciais de Maria Luísa, a mãe de Giuseppe, e que "929" faria alusão ao ano de nascimento da matriarca, 1929.

Posteriormente, no XII Salão do Automóvel (1981), foi apresentado o Farus TS 1.6. Tratava-se, basicamente, do mesmo carro, mas equipado com o motor Klaus de 1.600 cc do VW Passat TS. No ano seguinte, quando tiveram início as negociações para exportar o veículo para a África do Sul, surgiu o Farus Gucci. Esse levava o nome da famosa grife italiana Gucci e foi apresentado na Feira Internacional da Indústria Têxtil (Fenit). Disponível apenas com motor VW 1.6 e com acabamento diferenciado, era 20% mais caro que o modelo TS 1.6. No mesmo ano, a Farus começou a desenvolver um utilitário com motor Fiat a diesel, o Fargo, cujo projeto não foi adiante. Em 1983, o esportivo passou a ser fabricado por uma nova empresa, a Embrabi Comércio e Industria Ltda., cujas instalações ficavam em Contagem (MG).

Curiosidades

103

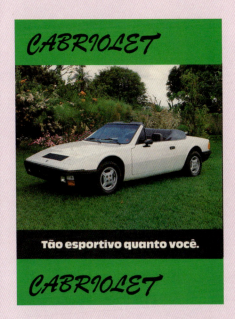

Ainda com o mesmo chassi e suspensões da linha Fiat, foi apresentado, no XIII Salão do Automóvel (1984), o Farus Beta, com motor de 1.800 cc do Chevrolet Monza ("Família 2"). Na mesma ocasião, surgiu a versão conversível do mesmo veículo, denominada Cabriolet. Em 1986, o motor 1.800 foi substituído pelo 2.000 e, no ano seguinte, a estrutura em duplo Y foi modificada, passando por um ligeiro rebaixamento, o que resultou em maior espaço interno para o motorista e os passageiros. Ainda em 1987, o carro foi exposto no Salão Internacional de Nova Iorque, tendo em vista o interesse de uma empresa estadunidense em importar os esportivos sem a mecânica e equipá-los para o mercado estadunidense com os motores Chrysler turbo, de quatro cilindros e 2.200 cc, do Chrysler LeBaron. De fato, foram comercializadas nos Estados Unidos algumas unidades com tal configuração.

No XV Salão do Automóvel (1988), foi apresentado o Farus Beta, com motor VW Klaus de 2.000 cc, o famoso AP 2.000 do VW Santana. No ano seguinte, deixou-se de usar componentes Fiat no veículo e passou-se a empregar todo o pacote mecânico VW (motor, câmbio e suspensões), com motor e tração dianteiros. No ano seguinte, a Embrabi foi vendida para um grupo paulista, fazendo surgir a Tecvan Tecnologia de Vanguarda Ltda. Essa empresa chegou a expor seus produtos no XVI Salão do Automóvel (1990), mas não resistiu à abertura das importações realizada no governo de Fernando Collor de Mello, razão pela qual encerrou as suas atividades em 1991.

O belo Farus conversível.

O Farus Beta.

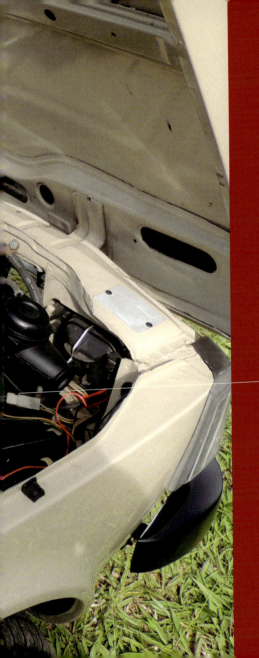

CAPÍTULO 4

DADOS TÉCNICOS

FICHA TÉCNICA

MOTOR

Dianteiro, transversal
Tipo: quatro cilindros em linha
Refrigeração: água, com circuito selado
Diâmetro do cilindro: 76 mm
Curso dos cilindros: 57,8 mm
Cilindrada total: 1.048 cc
Taxa de compressão: 7,2:0
Potência máxima: 55 cv a 3.800 rpm
Comando de válvulas: no cabeçote, acionado por correia dentada.
Carburador: corpo simples de 32 mm
Combustível: gasolina

TRASMISSÃO

Embreagem: monodisco a seco, de acionamento mecânico
Câmbio: transversal; quatro marchas a frente e uma a ré
Alavanca: no assoalho
Relações: 1ª) 4,091:1 – 2ª) 2,235:1 – 3ª) 1,455:1 – 4ª) 0,959:1 – ré) 3,714:1
Diferencial: 4,417:1
Tração: dianteira

CARROCERIA/CHASSI

Carroceria de chapas de aço estampado, tipo sedã três portas, cinco lugares, estrutura monobloco

SUSPENSÃO

Dianteira: independente, tipo McPherson, com braço simples inferior e barra estabilizadora formando o triângulo inferior, amortecedores hidráulicos telescópicos e molas helicoidais
Traseira: independente, braços triangulares inferiores, feixe de molas semielípticas transversal e amortecedores hidráulicos telescópicos

FREIOS

Dianteiro: disco
Traseiro: tambor
Tipo: circuito independente de acionamento hidráulico
Freio de estacionamento: mecânico, atuando nas rodas traseiras

Dados técnicos

107

DIREÇÃO

Mecânica, com pinhão e cremalheira

RODAS E PNEUS

Tipo das rodas: aço estampado
Aro: 13 polegadas
Tala: 4 polegadas
Pneus: 145 SR 13 radiais

DIMENSÕES

Comprimento total: 362 cm
Largura: 154,5 cm
Altura: 135 cm
Distância entre eixos: 222,55 cm
Altura livre do solo: 14 cm
Bitola dianteira: 126,95 cm
Bitola traseira: 128,85 cm
Peso vazio: 780 kg

Tabela de pr...

MODELO / ANO	1976	1977	1978	1979	1980	1981	1982	1983	1984	1985
147 L	8.350	65.052	0	0	0	0	0	0	0	0
147 (todos)	0	0	87.305	0	0	0	0	0	0	0
147 (KG)	0	0	7.152	7.200	0	0	0	0	0	0
147 furgão (álcool)	0	0	1.607	1.099	1.072	713	896	816	1.001	1.191
147 C (álcool)	0	0	0	1.303	33.542	8.477	12.305	18.078	16.204	12.486
147 C (gasolina)	0	0	0	109.211	79.910	69.013	7.587	1.105	778	891
147 pick-up (álcool)	0	0	0	92	3.466	1.784	2.753	3.329	5.107	6.910
147 pick-up (gasolina)	0	0	0	6.653	6.254	8.120	2.120	244	627	1.131
147 furgão (gasolina)	0	0	0	1.473	733	294	289	32	30	65
147 C (KG)	0	0	0	0	12.624	11.664	14.064	11.904	14.160	192
Panorama (álcool)	0	0	0	0	5.929	1.734	6.936	10.682	5.795	4.302
Panorama (gasolina)	0	0	0	0	11.319	11.897	10.712	4.546	5.557	571
Fiorino (álcool)	0	0	0	0	1.571	572	1.062	1.384	1.713	2.405
Fiorino (gasolina)	0	0	0	0	1.922	13.354	8.893	8.872	10.628	6.659
Panorama (diesel)	0	0	0	0	0	0	10.189	7.163	8.681	4.157
Spazio (álcool)	0	0	0	0	0	0	14.077	19.825	4.318	24
Spazio (diesel)	0	0	0	0	0	0	40.135	9.903	1 (1)	0
Spazio (gasolina)	0	0	0	0	0	0	12.253	17.221	17.418	14.944
Panorama (KG)	0	0	0	0	0	0	1.056	192	144	288
147 pick-up (diesel)	0	0	0	0	0	0	3.853	923	1.516	2.433
Fiorino (diesel)	0	0	0	0	0	0	13.345	15.428	16.278	15.817
Oggi (álcool)	0	0	0	0	0	0	0	13.131	5.840	107
Oggi (gasolina)	0	0	0	0	0	0	0	726	274	4
Oggi (diesel)	0	0	0	0	0	0	0	0	1	0
Oggi (KD)	0	0	0	0	0	0	0	0	336	0
Spazio (KG)	0	0	0	0	0	0	0	0	0	14.208
Panorama (KD)	0	0	0	0	0	0	0	0	0	0
Spazio CL (KG)	0	0	0	0	0	0	0	0	0	0
147 pick-up (KD)	0	0	0	0	0	0	0	0	0	0

* A Associação Nacional dos Fabricantes de Veículos Automotores (Anfavea), em sua listagem, indica a produção negativa.

Dados técnicos

109

ão acumulada

1986	1987	1988	1989	1990	1991	1992	1993	1994	1995	1996
0	0	0	0	0	0	0	0	0	0	0
0	0	0	0	0	0	0	0	0	0	0
0	0	0	0	0	0	0	0	0	0	0
1.276	35	0	0	0	0	0	0	0	0	0
0.339	0	0	0	0	0	0	0	0	0	0
917	27	0	0	0	0	0	0	0	0	0
0.415	9.275	1.514	0	0	0	0	0	0	0	0
1.900	4.085	551	0	0	0	0	0	0	0	0
126	0	0	0	0	0	0	0	0	0	0
3.168	3.792	5.280	0	0	0	0	0	0	0	0
1.756	0	0	0	0	0	0	0	0	0	0
1.313	2	0	0	0	0	0	0	0	0	0
3.224	3.191	722	1	0	0	0	0	0	0	0
7.978	10.529	1.845	0	0	0	0	0	0	0	0
2.734	- 2*	0	0	0	0	0	0	0	0	0
22	0	0	0	0	0	0	0	0	0	0
0	0	0	0	0	0	0	0	0	0	0
17.366	0	0	0	0	0	0	0	0	0	0
0	0	0	0	0	0	0	0	0	0	0
228	1.573	128	0	0	0	0	0	0	0	0
11.083	13.808	908	0	0	0	0	0	0	0	0
0	0	0	0	0	0	0	0	0	0	0
0	0	0	0	0	0	0	0	0	0	0
0	0	0	0	0	0	0	0	0	0	0
96	0	0	0	0	0	0	0	0	0	0
0	13.248	0	0	0	0	0	0	0	0	0
288	96	0	0	0	0	0	0	0	0	0
10.224	0	12.912	10.800	7.632	14.064	23.856	29.040	40.464	30.096	15.840
288	288	144	0	0	0	0	0	0	0	0

FONTES DE CONSULTA

LIVROS

A revolução que começou a 35 km por hora. [S.l.]: Fiat, [s.d.].

Enciclopédia do automóvel. São Paulo: Abril Cultural, [s.d.]. 8 vol.

GONÇALVES, Vergniaud Calazans. *A primeira corrida da América do Sul.* São Paulo: Empresa das Artes Projetos e Edições Artísticas, [s.d.].

GONÇALVES, Vergniaud Calazans. *Automóvel no Brasil 1893-1966.* São Paulo: Editora do Automóvel, 1966.

Indústria automobilística brasileira: Uma história de desafios. [S.l.]: Autodata Editora; Anfavea, 1994.

NOTTOLI, Nivaldo. *Uno: A história de um sucesso.* [S.l.]: Fiat, [s.d.].

PENIDO FILHO, Paulo. *O álcool combustível: Obtenção e aplicação nos motores.* São Paulo: Nobel, 1980.

REVISTAS

Revista de Automóveis. Rio de Janeiro: Revista de Automóveis

Quatro Rodas. São Paulo: Editora Abril

Auto Esporte. São Paulo: FC Editora

Motor 3. São Paulo: Editora Três

CRÉDITO DAS IMAGENS

Páginas 9, 10, 13, 14, 20, 21, 23-27, 30, 33d, 40, 44, 57: Arquivo dos autores

Páginas 6, 22, 31b, 36, 38, 39a, 42, 45-48, 54e, 59a, 59be, 62b (de baixo), 63, 66, 68, 69a, 71, 72, 74, 80, 81, 82a, 83ae, 83b, 84ad, 84ae, 85, 86, 87, 89, 95, 96/97, 99-103: Propaganda de época

Páginas: 4/5, 7, 8, 19, 29, 32, 33e, 34a: *Fiat – A revolução que começou a 35 km por hora* (livro)

Páginas 12, 35, 37, 39a, 49a, 50, 51, 52, 55, 56a, 67, 69b, 76, 77, 78, 88a, 91b, 92, 94, 101, 105: Arquivo Rogério de Simone

Páginas: 15, 17, 18, 31a, 34b, 43, 53, 54d, 56b, 58, 59bd, 60, 61, 62a, 65, 70, 73, 75, 79, 82b, 83ae, 84bd, 84be, 88bd, 88bc, 88be, 90, 91a, 93: Estúdio Cerri/Umberto Cerri

Página 49b: CEDOC/Anfavea – Associação Nacional dos Fabricantes de Veículos Automotores

AGRADECIMENTOS

Deixamos aqui nossos sinceros agradecimentos às pessoas e empresas que colaboraram na execução deste livro. Aos que gentilmente emprestaram seus automóveis para as fotografias usadas neste livro: Donizetti B. Domingos Pinto, Marco Antônio Parma, Marcelo de Campos e Marcelo Paolillo. À Fiat Automóveis, através do Estúdio Cerri, que disponibilizou as fotos de seus arquivos, com imagens do excelente fotógrafo Umberto Cerri, cujas fotos nos foram enviadas por Pedro Brito. À Anfavea, que permitiu nossa pesquisa em seu Centro de Documentações (Cedoc). A Fabio C. Pagotto, sempre prestativo e disposto a colaborar com o que for preciso, e, finalmente, a Paul Willian Gregson, por ceder uma imagem para este livro.

Conheça os outros títulos da série:

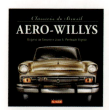   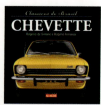
 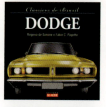  
  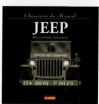 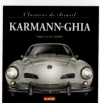
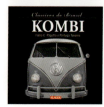 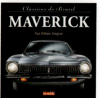